# Necesidad y belleza de la violencia

FT Marinetti

# Necesidad y belleza de la violencia

Introducción de Günter Berghaus

Traducción de Juan José Gómez

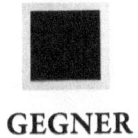

GEGNER

**Gegner Libros. Consejo Editorial**

Juan José Gómez Gutiérrez (Coord.)
Juan Pablo Larreta Zulategui, Universidad Pablo de Olavide
Antonio Gutiérrez Pozo, Universidad de Sevilla
Manuel Maldonado Alemán, Universidad de Sevilla
Guido Ferilli, Università IULM de Milán
Victoria Llort Llopart, Universidad de La Sorbona
Christiane Heine, Universidad de Granada

Títulos originales:
Necessità e bellezza della violenza, 1910,1919
La Necessità della violenza, 1910
Necessità e bellezza della violenza, 1910

Introducción de Günther Berghaus
Traducción de Juan José Gómez Gutiérrez

Edita: Gegner Libros
Avda Cádiz 4, 1º C
41004 Sevilla, España
ISBN: 978-84-96875-46-3

ÍNDICE

Introducción: Violencia, purgativo final del mundo
*Günter Berghaus*...................................................I

Necesidad y belleza de la violencia (I) ............................3
La necesidad de la violencia (II) ...............................13
Necesidad y belleza de la violencia (I)...........................21

# Violencia, purgativo final del mundo
Günter Berghaus

## La formación ideológica de Marinetti

El futurismo fue un movimiento artístico que perseguía la transformación total de las condiciones sociales y políticas del mundo moderno y buscaba la revolución permanente en todas las esferas de la existencia humana. El derrocamiento de las convenciones y las tradiciones estéticas era un aspecto fundamental de este programa de regeneración política y social, intelectual y moral.

Los estudios de Derecho de su gran inspirador, Filippo Tommaso Marinetti (1885-1899) le proporcionaron un profundo conocimiento de las teorías políticas modernas.[1] También poseía

---

[1] Los años de estudiante de Marinetti han sido analizados en mi estudio *The Genesis of Futurism: Marinetti's Early Career and Writings, 1899-1909*, Society for Italian Studies, Leeds, 1995, y sus actividades políticas han sido objeto de mi volumen *Futurism and Politics: Between Anarchist Rebellion and Fascist Reaction*, 1909-1944, Berghahn Books, Oxford, 1996. Una aproximación diferente al mismo tema ha sido

un vivo interés por la política práctica de su país, particularmente las de grupos radicales y subversivos. En la década que precedió al futurismo, la exitosa carrera de Marinetti como periodista, crítico y editor corrió paralela al compromiso político y le empujó a desarrollar un conjunto de conceptos ideológicos explicados en gran número de ensayos y manifiestos.

La *Weltanschauung* anterior de Marinetti provenía de varias fuentes. Sus estudios de jurisprudencia, que culminaron en una tesis sobre *El papel de la corona en el gobierno parlamentario*, lo familiarizaron íntimamente con conceptos, tanto tradicionales como revolucionarios, de estado y sociedad. Pero su desarrollo como pensador político no solo fue influenciado por libros y teorías. También formó sus puntos de vista en la observación de acciones revolucionarias en la calle, en el seguimiento de los debates populares en las asociaciones obreras y en las asambleas. En 1889, lo encontramos implicado en la insurrección que estremeció Milán; a principios del Siglo XX, asistía a mítines del Partido Socialista y los sindicatos; conoció a los dirigentes socialistas Labriola, Turati y Kuliscioff y entabló amistad con el sindicalista revolucionario Walter Mocchi. Tomó parte en la huelga general de septiembre de 1904 y, cuando el educador y anarquista catalán Francesc Ferrer i Guardia fue condenado a muerte por su supuesta participación en actos violentos durante la huelga general de Barcelona del 26-29 de julio de 1909, se sumó al movimiento internacional de protesta que intentó salvar su vida.[2]

adoptada por Emilio Gentile en «Political Futurism and the Myth of the Italian Revolution», en Günter Berghaus, ed., *International Futurism in Arts and Literature*, De Gruyter, Berlin, 2000, pp. 1-14. Los lectores no familiarizados con la lengua italiana pueden encontrar varios escritos políticos de Marinetti en mi edición, F.T. Marinetti: *Critical Writings*, Farrar, Straus & Giroux, Nueva York, 2008.

[2] Véase F. T. Marinetti, *La grande Milano tradizionale e futurista*, Mondadori, Milán, 1969, p. 81.

Marinetti era, o así parece, mucho más serio en su compromiso político que la mayoría de los intelectuales milaneses, bohemios y librescos. Pero su decisión de convertirse en poeta en vez de en abogado, indica que su contribución al desarrollo de la nueva sociedad italiana tuvo lugar mediante libros más bien que mediante la participación en un partido político. En sus años prefuturistas se mantuvo, como él mismo admitió, como un «observador»[3], especialmente de la «psicología de las masas»[4] y de los carismáticos dirigentes del periodo. Fue atraído, según parece, por todo movimiento que pudiera llamarse «revolucionario», independientemente de su color. Sus mayores simpatías fueron a parar a los anarquistas y a los sindicalistas revolucionarios; pero también era un gran admirador de Francesco Crispi, a quién proclamó su «gran patriota italiano preferido»[5]. Sus sentimientos nacionalistas le impidieron apoyar al Partido Socialista. Aunque tampoco apoyó a la Asociación Nacionalista Italiana de Enrico Corradini por ser, para él, demasiado tradicionalista. Se mantuvo como observador participante de las agitaciones revolucionarias de su tiempo sin adherirse a ningún bando político.

Cuando, en 1909, publicó su *Fundación y manifiesto del futurismo*, presentó un programa de renovación de largo alcance que unía la innovación estética a una drástica transformación del mundo real. Por tanto, la política representaba un importante papel en el movimiento futurista. Marinetti sabía que los manifiestos literarios y las obras de arte no eran medios

---

[3] *La grande Milano*, p. 28.
[4] El término «la psychologie des foules» es empleado en F. T. Marinetti, «Les Émeutes milanaises de mai 1898» en *La Revue blanche*, vol. 22, n°. 173, 15 de agosto de 1900, pp. 561-570. Se debe asumir que Marinetti por entonces ya estaba familiarizado con los escritos sobre el tema de Le Bon, Durkheim, Tarde y Adam.
[5] *La grande Milano*, p. 18.

suficientes para incendiar la atrofiada y somnolienta escena cultural de Italia. Si el futurismo iba a ser un movimiento solo apoyado por una elite intelectual, no tendría la fuerza suficiente para derrocar el orden social establecido. Debía buscar aliados en la arena política.

En 1909-1910, Marinetti intentó repetidamente conseguir el apoyo de los anarcosindicalistas del norte de Italia y forjar una coalición entre revolucionarios en los ámbitos estético y político. Publicó tres manifiestos políticos y anunció en el *Giornale d'Italia* del 30 de octubre de 1913 que, en un futuro próximo, planeaba tomar parte en la batalla política en una lista electoral por una circunscripción muy importante. La idea no se puso en práctica hasta 1919, cuando el recién fundado Partido Político Futurista se alió con los Fasci di Combattimento y los Arditi para fracasar miserablemente en las urnas.[6]

### Orígenes del concepto de violencia de Marinetti

Los primeros escritos de Marinetti lo muestran como un admirador del individualismo radical de Nietzsche y del concepto dinámico del universo de Bergson. Existen indicios de que estudió a Marx y Engels, Bakunin y Kropotkin. La teoría de la violencia de Georges Sorel perduró como influencia en sus puntos de vista políticos, igual que el concepto de activismo revolucionario promovido por el teórico del sindicalismo Fernand Pelloutier.[7] En el curso de la primera década del Siglo XX, gran parte de esos jirones se entrelazaron para formar un patrón

---

[6] Para una discusión sobre esos acontecimientos véase mi ensayo, «The Futurist Political Party» en *The Invention of Politics in the European Avant-garde, 1905-1940*, editados por Sascha Bru y Gunther Martens, Rodopi, Ámsterdam, 2006.

[7] Véase Berghaus, *The Genesis of Futurism*, pp. 8-29.

mental que se presentaba ante el mundo como un nuevo sistema político: el futurismo.

Friedrich Nietzsche fue uno de los filósofos más influyentes y populares de finales del Siglo XIX. Es posible que Marinetti leyese las primeras traducciones que comenzaron a aparecer en Francia en 1893. Pero también es posible que se familiarizara con el filósofo alemán a través de las primeras traducciones italianas, que empezaron a publicarse en 1898 con *Jenseits von Gut und Böse* [Más allá del bien y del mal], seguida en 1899 por *Also sprach Zarathustra* [Así habló Zarathustra] y en 1901 por *Die fröhliche Wissenschaft* [La gaya ciencia]. Parece que Marinetti se apoyó decisivamente en los conceptos nietzscheanos de *der Wille zur Macht* [Voluntad de poder] y *der Übermensch* [superhombre], y los interpretó de modo que congeniasen con sus lecturas de *Réflexions sur la violence* [Reflexiones sobre la violencia] de Sorel y con sus experiencias prácticas en los círculos anarcosindicalistas.

Antes de pasar a discutir la formulación más significativa de Marinetti del concepto futurista de violencia, quisiera resumir algunos puntos relevantes de las filosofías de Nietzsche y Sorel particularmente interesantes para él y sus compañeros futuristas.

En los primeros escritos de Nietzsche, el poder político, y el éxito terrenal, se presentaban como una influencia corrompedora y, por tanto, como «malignos».[8] Pero el reconocimiento de la Voluntad de Poder como un instinto psicológico básico

---

[8] Para las citas de Nietzsche, sigo la práctica habitual de referirme a sus textos publicados mediante el título, el libro y la sección, lo cual facilita el uso de cualquiera de las muchas ediciones de Nietzsche en cualquier lengua. Cuando me refiero a las publicaciones póstumas, uso la *Kritische Gesamtausgabe der Werke* (KGW), editada por G. Colli y M. Montinari. En este caso, véase *Unzeitgemäße Betrachtungen*, IV, 11 y *Der griechische Staat*, KGW III.2, 262

lo llevó a reconsiderar su potencial para el desarrollo humano. Su estudio de la civilización griega y el papel en ella del principio de *agón* sugería la posibilidad de que la Voluntad de Poder pudiese funcionar como medio de aventajar y superar a los otros en la tarea de generar valores culturales a partir de la naturaleza. La Voluntad de Poder no era, por consiguiente, una fuerza corrompedora *per se*. Si era deseada por una mente noble, podría ejercer una influencia positiva en la sociedad. Nietzsche argumentaba que, en el estadio más bajo de civilización, el poder es un *demon*, mientras que el «poder verdadero», tal y como lo ejercían los artistas, los filósofos y los santos, es una fuerza de razón y moralidad y por tanto beneficioso para el género humano.

En *Así habló Zarathustra*, Nietzsche argumenta contra el principio darwiniano de lucha por la existencia y afirma que el hombre no se esfuerza por preservar su vida, sino para mejorar. La Voluntad de Poder no es la voluntad de afirmarse sobre los demás, sino de alcanzar la autorrealización.[9] El hombre que ha alcanzado el estado de autorrealización completa es *superior* a los humanos en estado natural y, por tanto, puede ser llamado *superhombre*. Es un hombre que se ha superado a sí mismo y ha llegado al peldaño más alto de la escala de la satisfacción, donde finalmente ha encontrado su «verdadero yo». El *Übermensch* es el producto de la *Überwindung*, de la superación de su condición material y espiritual de partida. Para Nietzsche, la vida espiritual no se opone a la existencia física, sino que la realza y eleva a un estadio diferente. La cultura, cuando lo es verdaderamente, deja de ser mera «decoración de la vida y se convierte en una nueva

---

[9] *Zarathustra*, II, 12 (Sobre el superarse a sí mismo). Véanse también sus argumentos sobre «los bueyes eruditos que sospechan que soy darwinista» en *Ecce Homo*, III, 1.

*physis* mejorada»,[10] se convierte en un poder que cambia la vida y supera la dicotomía entre cultura y naturaleza (o entre arte y vida, como Marinetti diría después).

La gran cantidad de referencias a las ideas de Nietzsche en la primera poesía de Marinetti y su obra de teatro *Le Roi Bombance* indica que, desde sus años de estudiante, absorbió muchos de los conceptos fundamentales del filósofo alemán.[11] Sin embargo, en los años siguientes esas influencias se hicieron más tenues, de modo que, en los ensayos políticos y manifiestos de los años futuristas, Nietzsche deja de ser citado para integrarse en un sistema de pensamiento que amalgamaba otras fuentes, siendo una de las más significativas el concepto de violencia de Sorel.

Georges Sorel, el principal teórico del sindicalismo revolucionario, comenzó su carrera política como socialista jauresiano, pero siempre se sintió más inclinado hacia Proudhon que hacia Marx. Siguió la visión de la sociedad de Proudhon en dos puntos fundamentales: a) en que la sociedad y la economía debería basarse en pequeñas unidades productivas que formasen asociaciones voluntarias y cooperativas, y reemplazasen el gobierno del estado; b) en que la organización de una sociedad buena y justa depende de la acción positiva, de la lucha y de la guerra.

La premisa subyacente en la filosofía de la violencia de Sorel era una mezcla de la asunciones nietzscheanas y bergsonianas sobre la vida y sobre la actividad humana.[12] La guerra era vista como moti-

---

[10] *Unzeitgemäße Betrachtungen*, II, 10.

[11] Para una discusión detallada de esas referencias, véase Berghaus, *The Genesis of Futurism*, pp. 65-72

[12] Sorel leyó a Bergson a principios de los noventa del siglo XIX, pero no cayó bajo la influencia del filósofo francés hasta después de 1900, cuando asistió a algunas de las conferencias de Sorel en el Collège de France. Sobre la relación entre ambos, véase Pierre Andreu, *Bergson et Sorel*, Albin Michel, Paris, 1952.

vo fundamental tras la acción humana, mientras que el pacifismo se consideraba una forma de cobardía. El heroísmo y la asunción de riesgos se interpretaban como la expresión de una actitud esencial ante la vida, y la revolución social como una consecuencia de las características primordiales de la raza humana. Sin este *élan vital*, no podría tener lugar una evolución dinámica del mundo; sin lucha de clases no podría haber progreso ni desarrollo social.

La teoría política de Sorel ejerció una influencia considerable en el movimiento anarquista y encontró un campo abonado entre los intelectuales bohemios del periodo, que siempre habían despreciado el *ethos* burgués del Partido Socialista. Marinetti cultivó sus contactos con el movimiento anarquista tanto en París como en Milán, impartió conferencias y recitó poesía en sus lugares de reunión, colaboró con varias de sus publicaciones e incluso ayudó a financiar algunas. Igualmente sus colegas Boccioni, Russolo y Carrà emplearon sus talentos artísticos para diseñar publicaciones anarquistas y contribuyeron a ilustrar sus revistas. Estos puntos de contacto sugieren que existía una sinergia considerable entre ambos movimientos, que se basaba en gran parte en la convicción compartida de que la violencia era necesaria para destruir la violencia perpetrada por el estado e inherente al sistema capitalista. Pero mientras algunos consideraban la acción violenta como método de autodefensa y como medio de propiciar un cambio —por tanto implicando que, donde prevalece el anarquismo, la violencia desaparece porque sus causas han sido extirpadas— otros consideran la violencia como una constante antropológica similar al *élan vital* de Bergson.

Marinetti tomó claramente partido por este último punto de vista. Dadas las grandes similitudes entre el «arte-acción» de los futuristas y los *beaux gestes libertaires* de los anarquistas, llevó a cabo numerosos intentos de forjar una coalición entre los dos movimientos. En marzo de 1910, propuso en la revista anarquista *La demolizione* una cooperación formal entre «las alas opuestas de la política y de la literatura».[13] Dos meses después, el editor, Ottavio Dinale llamó a la fundación de una Unión de Fuerzas Revolucionarias. Consecuentemente, los anarquistas, sindicalistas y socialistas revolucionarios del norte industrial de Italia siguieron con gran interés las actividades del movimiento futurista y saludaron su programa artístico y político con vivo entusiasmo. Maria Rygier, una de las figuras principales del movimiento anarcosindicalista, confesaba: «he seguido con gran atención y no sin cierta simpatía estética las diversas manifestaciones del joven movimiento futurista».[14] Leda Rafanelli, otra mujer y prominente anarquista, relataba de manera similar que: «todos los anarquistas, a pesar de su culpable ignorancia del arte y de los artistas, sintieron la atracción de su rebelión».[15]

El acercamiento entre futurismo y anarcosindicalismo se basaba en la coincidencia parcial de sus ideologías sin excluir desacuerdos en varios asuntos; a pesar de lo cual los jóvenes revolucionarios siguieron invitando a Marinetti a sus lugares de reunión. Y, viceversa, los trabajadores fueron los defensores más vocingleros del

---

[13] Marinetti, «I nostri nemici comuni», en *La demolizione* del 16 de marzo de 1910, reimpreso por Umberto Carpi, *L'estrema avanguardia del Novecento*, Editori Riuniti, Roma, 1985, pp. 39-40. Esta «Revista Internacional de Batalla» fue publicada originalmente en Suiza y relanzada en Niza antes de mover sus oficinas a Milán. El 15 de marzo de 1909 imprimió la Fundación y el manifiesto del futurismo. Entre los principales colaboradores de la revista encontramos a F. T. Marinetti, Paolo Orano, Luigi Fabbri y Alceste de Ambris.

[14] Maria Rygier, «Futurismo politico», en *L'agitatore*, Boloña, 7 de agosto de 1910. Véase también Pirro, «Il futurismo», en *La rivolta*, Milán, 21 de enero de 1910.

[15] Leda Rafanelli, «Futuristi», en *Il novatore*, tercera serie, vol. 3, nº 1, Milán, 29 de julio de 1911.

futurismo durante sus actuaciones teatrales, defendiendo a los actores de los ataques de las audiencias burguesas.

Marinetti adoptó varios conceptos anarcosindicalistas y los amalgamó con las lecciones que había recibido de Nietzsche, Sorel y Bergson. Fue a partir de esas ideas cuando desarrolló el concepto de «violencia, purgativo final del mundo», que corre como hilo conductor por toda su obra. En muchos de sus escritos y discursos propagó el concepto de *élan vital* y de «violencia saludable» que necesitaba de la destrucción para construir un mundo nuevo. E igual que creía en «el gesto destructivo de los libertarios», proclamó «la fuerza sanadora de la guerra» como principio fundamental del progreso.

*La necesidad y belleza de la violencia* (1910)

La relación entre futuristas y anarcosindicalistas recibió un impulso más con el discurso de Marinetti sobre *La necesidad y belleza de la violencia,* pronunciado en la Cámara del Trabajo de Nápoles el 26 de junio de 1910 y repetido cuatro días más tarde en Milán.[16] El discurso de Milán fue organizado por la Juventud Revolucionaria Socialista y también fue reimpreso y comentado en varios periódicos.[17] En diversos momentos durante las dos

---

[16] La primera parte del texto se publicó en *La giovane Italia* del 10 de julio de 1910 y en *L'internazionale* del 10 de julio de 1910 y la segunda parte en la revista napolitana *La propaganda* el 26 de julio de 1910. Se reescribió más tarde para un artículo en tres partes en *L'ardito* (15 de junio, 22 de junio y 29 de junio de 1919) y se incorporó al capítulo 23 de *Democrazia futurista* (1919).

[17] Véase el generalista *Corriere della sera*, el socialista *Il secolo*, la revista de vanguardia florentina *La difesa dell'arte* y el anarquista *L'agitatore* de Bolonia. Las tres últimas informaciones se reimprimieron después parcialmente en Giovanni Lista, «Marinetti et les Anarcho-syndicalistes», en Jean-Claude Marcadé (ed.), *Présence de F.T. Marinetti*, L'Age d'Homme, Lausana, 1982, pp. 67-85 y 79-83 respectivamente.

horas de charla, Marinetti mantuvo vivos debates con la audiencia que principalmente consistía en trabajadores de convicción anarquista o sindicalista, muchos estudiantes y unos cuarenta seguidores del movimiento futurista (incluido Boccioni). Cuando, en un momento dado, voceó su punto de vista patriótico y belicoso, el discurso fue interrumpido por asistentes coreando *Evviva l'internazionalismo* y gritos de «el anarquismo no tiene nada en común con el futurismo». Por otra parte, Marinetti recibió estruendosos aplausos por su alabanza del «gesto magnífico de destrucción» de los anarquistas, su llamada a que «el proletariado implicase a toda la sociedad en una temeraria insurrección y una explosión de violencia heroica» y su imagen de «una noche trágica de huelga general y de revolución en una gran ciudad moderna sumida repentinamente en la oscuridad por el poder dominador de los trabajadores». Pero la mayor parte del discurso fue escuchado en silencio y con interés, si no con simpatía, y terminó con un largo debate entre los artistas y los trabajadores presentes en la sala. El *Corriere della sera* informó que, al final de la velada, futuristas, anarquistas y sindicalistas marcharon, al compás de la *Internacional*, hacia corso San Celso, donde la policía intentó disolver la manifestación.

El discurso de Marinetti, y que atrajese a una audiencia significativa, movió a *Il secolo* a afirmar que «el futurismo se estaba convirtiendo en un movimiento político». En las semanas siguientes, la prensa anarcosindicalista del norte de Italia publicó algunos artículos fundamentales sobre el movimiento futurista. Semejante interés fue impulsado aún más por el anuncio de Marinetti de que se presentaría a las elecciones regionales del Piamonte con un programa anarcosindicalista. En realidad, es bastante probable que la proclamación de una Unión de Fuerzas

Revolucionarias en mayo de 1910 y el discurso *La necesidad y belleza de la violencia* en junio de 1910 tuviesen lugar en este contexto y fuesen organizadas para estimular el debate sobre el futurismo como movimiento político.

El discurso ofrece una teoría bastante completa de la violencia como medio de desmantelar un sistema político decadente llamado democracia parlamentaria, de liberar a la sociedad del tradicionalismo estrangulador y de garantizar el desarrollo dinámico de un estado anarcofuturista. Para Marinetti, la violencia era el equivalente al *élan vital* de Bergson (pero evita el término bergsoniano en el discurso y habla, en su lugar, del *istinto di coraggio, di potenza e di energia*.[18] Una bomba en la mano de un anarquista es como el rifle en la mano de un soldado patriota: ambos son señal de rebelión, de «conquista de una mayor libertad» (385) y de alcanzar «salud e higiene moral» (386). Son medios de purificación y regeneración, de restablecer la salud de un cuerpo político en estado de putrefacción. No puede haber progreso mediante la evolución, la reforma, la diplomacia y el pacifismo. Más bien el caso es el contrario: esos métodos llevan a la arteriosclerosis, la senilidad y la tiranía de los explotadores, los capataces y los prestamistas.

La violencia concentra su fuerza más potente e incisiva en forma de revolución y guerra, pero también representa un papel vital en la vida política de una «posible y deseable anarquía» (390). En la teoría política de Marinetti, la anarquía no se iguala a la abolición del estado. Rechaza la noción decimonónica de anarquía por simplista, porque ignora la compleja y contradic-

---

[18] Marinetti, F. T., *Teoria e invenzione futurista*, Luciano de Maria (ed.), Milán, Mondadori, 1968, p. 386. Segunda edición de 1983, citadas en adelante como TeI I° y II°, dado que tienen diferente paginación. Por mor de conveniencia, pongo las páginas de referencia entre corchetes en las secciones siguientes.

toria relación entre lo individual y lo colectivo, entre la libertad y la disciplina en una sociedad tecnológica avanzada. Marinetti considera el estado como una necesidad para establecer una autoridad que medie entre los principios opuestos de libertad individual e interés colectivo. Los conflictos señalados y debatidos en las instituciones democráticas evitan que el organismo social se paralice. La violencia es una expresión de un principio dialéctico que continuará existiendo en el estado del futuro y confiere «el máximo esplendor el máximo valor a cada momento vivido» (391).

En cuanto a la composición de esta autoridad suprema en el «estado anárquico», sugiere que debería ser un «gobierno de un arte desinteresado» (388) formado por jóvenes «artistas-ingenios creadores» (389). Marinetti es claro: «a los jóvenes les conferimos todos los derechos y toda la autoridad», pero también es «absolutamente necesario que los artistas intervengan en la vida pública» (388). Para clarificar lo que entiende por «artistas», indica que no son los intelectuales egocéntricos y retrógrados de la vieja escuela. El artista-político del futuro no se nutre de la cultura tradicionalista, sino que se inspira en el «infalible olfato de la juventud», «en la inspiración divina y embriagadora» y «el llamado fuego sagrado» (388). Marinetti intenta anticiparse a la objeción de que esos nuevos gobernantes carecen de experiencia política afirmando que los errores en los que incurra ese sobreentusiasta gobierno de la juventud son menos dañinos que la «política falaz y caduca» y la «pedantesca ciencia del hurto» (388-9) practicada por un régimen corrupto de políticos profesionales.

## La mitología de Marinetti en «La Guerra, purgativo final del mundo»

Los círculos de extrema izquierda activos antes y después de la aparición del futurismo hacían poca distinción entre la revolución y la guerra. Ambas eran vista como dos caras de una misma moneda: la violencia regeneradora. Marinetti escribió buen número de textos teóricos en los que definía el papel del futurismo en esos términos. Sus primeros dos manifiestos, *La fundación y el manifiesto del futurismo* y *Matemos al claro de luna* abundan en metáforas paramilitares, siendo la más potente la que equipara al futurismo con la «guerra purgativa» («la guerra – sola igiene del mondo») y con el «gesto destructor de los libertarios». Cuando una revista francesa le interrogó sobre el carácter militante de su programa artístico, afirmó que la ecuación «futurismo = revolución = guerra» era para él «una cuestión de salud».[19] Dr. Marinetti, como solía firmar sus primeros ensayos, proponía una cura para el cuerpo político italiano tanto en el ámbito interno como en el externo. Las metáforas que elegía para el primer método tendían a ser médicas. Comparaba el futurismo con un microbio que no solo purgaría los intestinos estreñidos con bilis y materia muerta, sino que también pondría en movimiento las entrañas de la sociedad italiana: «Los microbios –no lo olvidemos– son necesarios para la salud del estómago y los intestinos. Existe también un tipo de microbio que es esencial para la vitalidad del *arte*».[20] De modo que, por un lado, Marinetti concebiría su movimiento artístico como una droga estimulante y una medicina revitalizadora y, por

---

[19] La entrevista se publicó en la revista francesa de teatro *Comœdia* el 26 de marzo de 1909 y se reimprimió en *Poesia* 5, 3-6, abril-julio de 1919.

[20] Marinetti, «Manifesto tecnico della letteratura futurista», en TeI I° 47, II° 54.

otro lado, proponía medidas políticas que operarían externamente y atacarían la enfermedad de la sociedad mediante métodos militantes y beligerantes. La violencia liberadora de los anarquistas revolucionarios corría paralela a los «violentos estallidos de creación y de acción»[21] entre los artistas futuristas. Marinetti pensaba que «el arte no puede ser otra cosa que violencia»[22] y que la guerra debía extenderse al ámbito artístico. Por tanto, abogaba por «una entrada brutal de la vida en el arte»[23] mediante «la introducción del puño en la lucha artística».[24] Para él los artistas deberían ser «alegres incendiarios»[25] que produjesen obras que fuesen como «lanzarse explotando, como una granada bien cargada, a las cabezas rotas de nuestros contemporáneos».[26] Las tareas principales de ambas ramas de la vanguardia consistían en explorar el territorio enemigo, atacar las defensas levantadas por las fuerzas de la tradición, abrir una brecha y penetrar en el ignoto territorio del futuro. En *Matemos al claro de luna*, a lo anterior se le llamaba «la gran vía militar»[27] hacia la sociedad liberada. Marinetti se veía a sí mismo como un líder mesiánico al estilo de Zarathustra, y a sus seguidores como una raza de «superhombres» cruzando el puente entre pasado y futuro. Había aprendido la lección de Nietzsche y los anarquistas sobre la muerte como matrona del Nuevo Hombre.[28] Por tanto, como un *condottiere*, guiaba sus tropas hacia una

---

[21] Marinetti, «Fondazione e manifesto del futurismo», en TeI I° 12; II° 12
[22] Marinetti, «Manifesto tecnico della letteratura futurista», en TeI I° 47, II° 54.
[23] Ibid.; II° 13.
[24] Marinetti en una entrevista con Carlo Albertini en «Tema del futurismo», *La diana*, n°. 1, Nápoles, enero de 1915, pp. 27-29, aquí, p. 28.
[25] Marinetti, «Fondazione e manifesto del futurismo», en TeI I° 12; II° 12.
[26] Marinetti, «Mafarka il futurista–Prefazione», en TeI I° 217, II° 253.
[27] Marinetti, «Uccidiamo il chiaro di luna», en TeI I° 14, II° 14.
[28] Sobre las experiencias de Marinetti en los círculos anarquistas y su adopción de las filosofías de Sorel y Nietzsche, véase Berghaus, *The Genesis of Futurism*, pp. 11-16 y 22-27

batalla cuyo objetivo eran las «demoliciones, pero para construir. Desescombramos para poder avanzar hacia delante».[29] Una vez completada la misión militar de destrucción de los restos del pasado, podría comenzar la gran «recreación del universo».[30]

## La implicación de Marinetti en la Guerra de Libia, la Primera Guerra de los Balcanes y la Primera Guerra Mundial.

A lo largo de su carrera, Marinetti se comprometió profundamente con la violencia, que para él era el aspecto fundamental de toda revolución o guerra patriótica y se ligaba íntimamente a la lucha por la libertad, la igualdad y la justicia. Citaba ejemplos como la Revolución Francesa o el Risorgimento. (Véanse sus manifiestos *Proclama futurista a los españoles* y *Gran velada futurista en el teatro Verdi*). En esta última versión del discurso, se refiere a la Revolución Francesa como uno de los muchos acontecimientos que tuvieron un efecto fertilizante sobre la humanidad, comparable a las inundaciones regulares del Nilo (TeI I° 392). De ahí deriva la conclusión de que «hoy día la violencia se ha convertido en el mejor medio para la salud verdadera del pueblo» (TeI I° 393) para mostrar que la violencia es un ingrediente vital del camino revolucionario hacia una sociedad mejor. Tanto «los actos destructivos de los libertarios» como el activismo militante de los futuristas, en forma de *serate* [veladas] y de acciones callejeras, representan la cualidad regeneradora de la violencia. Pero, a diferencia de las guerras patrióticas y revolu-

---

[29] F. T. Marinetti, «In quest'anno futurista», en TeI I° 283; II° 330.

[30] Véase el manifiesto homónimo de Giacomo Balla y Fortunato Depero, «La ricostruzione futurista dell'universo», en Maria Drudi Gambillo y Teresa Fiori, (eds.), *Archivi del futurismo*, vol. 1, De Luca, Roma, pp. 48-51.

cionarias, emprendidas por las masas populares, estas son llevadas a cabo por una pequeña minoría autoconsciente y rebelde (una elite o vanguardia). Ambos métodos, sin embargo, contribuyen a alcanzar el mismo objetivo: hacer progresar el mundo hacia una sociedad moderna y liberada.

En buen número de escritos críticos o creativos, Marinetti presentaba la guerra como un purgante o una lavativa, como una medicina revitalizadora para la raza italiana, la levadura de la masa de la humanidad, una experiencia liberadora y rejuvenecedora y un antídoto contra el tradicionalismo.[31] Subrayaba constantemente que la guerra, como él la entendía, era una fuerza vital fundamental que podría ofrecer inspiración a los artistas e incluso podría ser una obra de arte por derecho propio. Los términos «teatro de guerra», «espectáculo de batalla» «orquesta de las trincheras», no se elegían caprichosamente, pues la guerra era, para Marinetti, una extensión del arte por otros medios o, como escribió una vez, «el poema futurista más bello aparecido hasta ahora».[32]

Poco después de su unificación, el joven estado italiano intentó la expansión colonial, especialmente en el norte y noreste de África. La ocupación de Libia (por entonces parte del Imperio Otomano) en octubre de 1911, fue rechazada por Turquía y desembocó en una guerra. El 5 de octubre de 1911 el Ejército Italiano fue desplegado en Trípoli y, el 12 de octubre, Marinetti viajó allí como corresponsal de guerra, observando de cerca las batallas entre turcos e italianos los cuales, en una carta a Palazze-

---

[31] Harían falta varias páginas para proporcionar una lista de citas relevantes. Dirijo al lector al índice de mi edición de los escritos de Marinetti con el título *Violence, war, revolution: Marinetti's concept of a futurist cleanser for the world*, Chapel Hill, NC, 2009.

[32] F. T. Marinetti, «In quest'anno futurista», TeI I° 286; II° 333.

Marinetti, portada de *Zang tumb tumb*, Milán, 1914

schi de enero de 1912, describió como «el espectáculo estético más bello de mi vida».[33] El uso de aeroplanos en el conflicto le provocó una perdurable impresión. También otros aspectos de la «orquesta mecánica» que actuaba en el «teatro de Guerra» fueron evocados poéticamente en una serie de artículos para *L'Intransigeant* y recitados en varios teatros italianos. Más tarde fueron editados en su libro *La Bataille de Tripoli, 1912*.

En octubre de 1912, Marinetti se encontraba de nuevo en el frente, esta vez en la Primera Guerra de los Balcanes (1912-1913). Observó las operaciones militares durante el conflicto búlgaro-turco y el asalto a Adrianópolis. El espectáculo polifónico de sonidos y olores le inspiró para escribir *Zang Tumb. Adrianopoli ottobre 1912. Parole in libertà*. Cada vez más, Marinetti veía la guerra como «una inmensa exposición futurista de cuadros dinámicos y agresivos.»[34] La guerra se retrataba como una ocasión lúdica y festiva, como un ejercicio gimnástico necesario para incrementar el vigor y la salud de la población. Esta imagen de *guerra-festa*, de jubilosa marcha hacia el frente «danzando y cantando», como la presentaba en *Las batallas de Trieste*,[35] determinó las actitudes futuristas al comienzo de la Primera Guerra Mundial el 3 de agosto de 1914.

Visto desde la perspectiva del Siglo XXI, y conociendo como conocemos el resultado terrorífico de la propaganda nacionalista militante, cuesta trabajo comprender por qué tantos artistas y escritores soñadores de Europa apoyaron la Gran Guerra. Pero lo cierto es que, sin la experiencia de la masiva carnicería de la Primera Guerra Mundial y de los millones de soldados y civiles

---

[33] F. T. Marinetti y Aldo Palazzeschi, *Carteggio*, Mondadori, Milán, 1979, p. 61.
[34] F. T. Marinetti, «In quest'anno futurista», TeI I° 286; II° 333.
[35] F. T. Marinetti, «Battaglie di Trieste», TeI I° 210; II° 246.

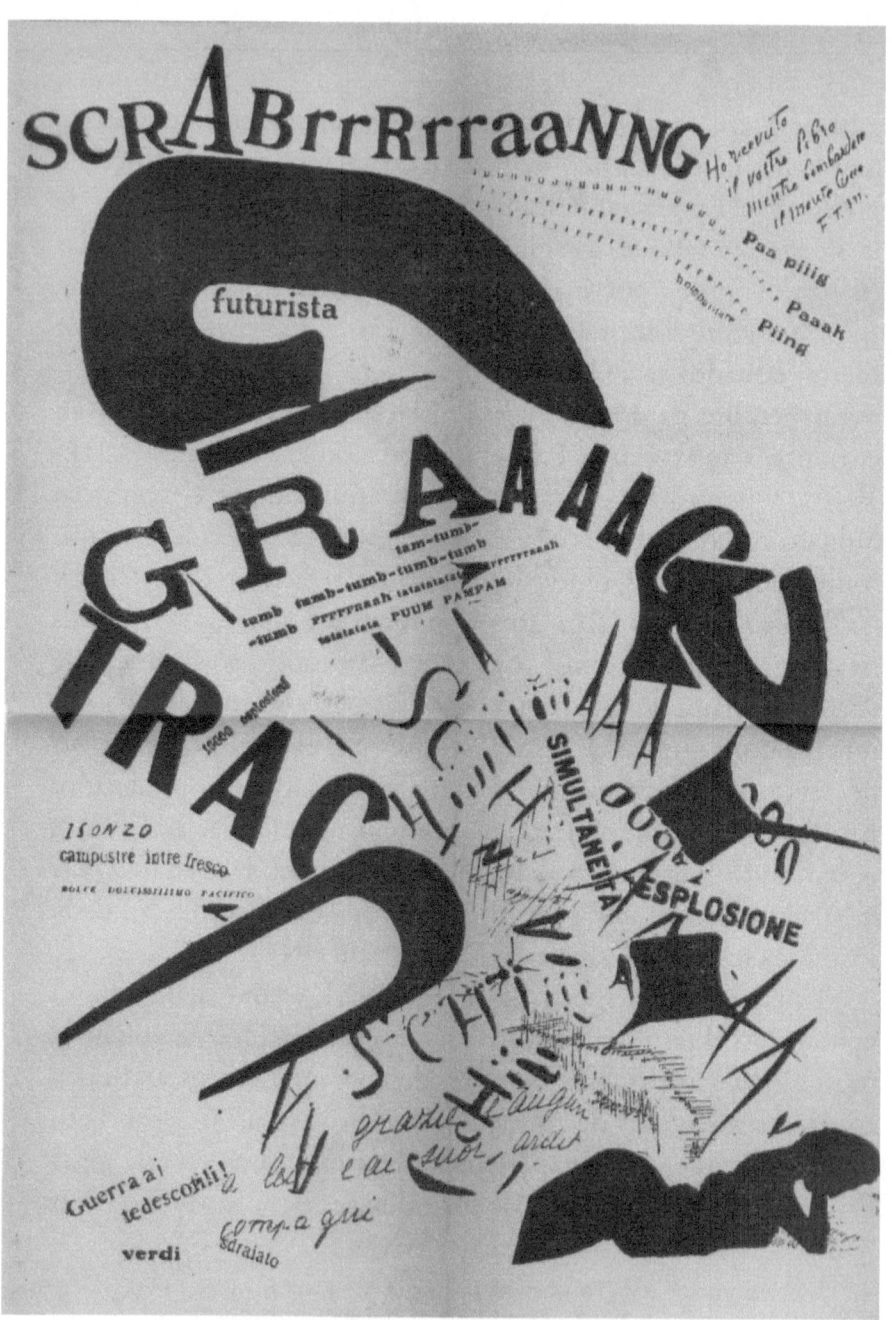

Marinetti, parole in libertà: *Por la noche, tumbada en la cama, ella releía la carta de su artillero en el frente*, 1919

muertos durante la Segunda, muchos intelectuales de principios del Siglo XX adoptaron una actitud favorable hacia la Guerra y la percibieron como un estimulante acontecimiento deportivo o como un proceso de limpieza beneficioso para un organismo sano. La grandiosa metáfora de la *guerra come festa*, de la guerra como una experiencia mística y orgiástica del principio darwiniano/nietzscheano de la vida como lucha, parecía finalmente hacerse realidad. Y para muchos intelectuales italianos el estallido de la Primera Guerra Mundial ofrecía la oportunidad de reconquistar los territorios entonces ocupados por Austria y culminar el proceso de unificación nacional.[36]

Los futuristas estuvieron entre los primeros en manifestarse por la intervención italiana en el conflicto, que terminó por tener lugar el 23 de mayo de 1915. Se enrolaron en el Batallón Lombardo de Ciclistas y Automovilistas Voluntarios y libraron su primera batalla el 12 de octubre de 1915. El primero de diciembre de 1915, la unidad fue disuelta y, durante casi un año, los futuristas lucharon en la «retaguardia» con publicaciones, actuaciones y discursos. El verano de 1916 volvieron de nuevo a las armas pero, esta vez, los combates tuvieron consecuencias fatales para Sant'Elia (10 de agosto) y Boccioni (17 de agosto). Marinetti fue destinado a un batallón de artillería en el frente de Isonzo, donde fue malherido el 14 de mayo de 1917 y hubo de ser hospitalizado. Tras un periodo de convalecencia, volvió a enrolarse en el ejército el 7 de septiembre de 1917. Sirvió en el frente sobre el río Piave y en el valle de Assa y tomó parte en la decisiva victoria italiana de Vittorio Veneto (30 de octubre de

---

[36] La respuesta de los intelectuales italianos a la Guerra ha sido sacada a la luz por Mario Isnenghi, *Il mito della grande guerra da Marinetti a Malaparte*, Laterza, Bari, 1970 y Fabio Todero, *Pagine della grande guerra: Scrittori in grigioverde*, Mursia, Milán, 1999.

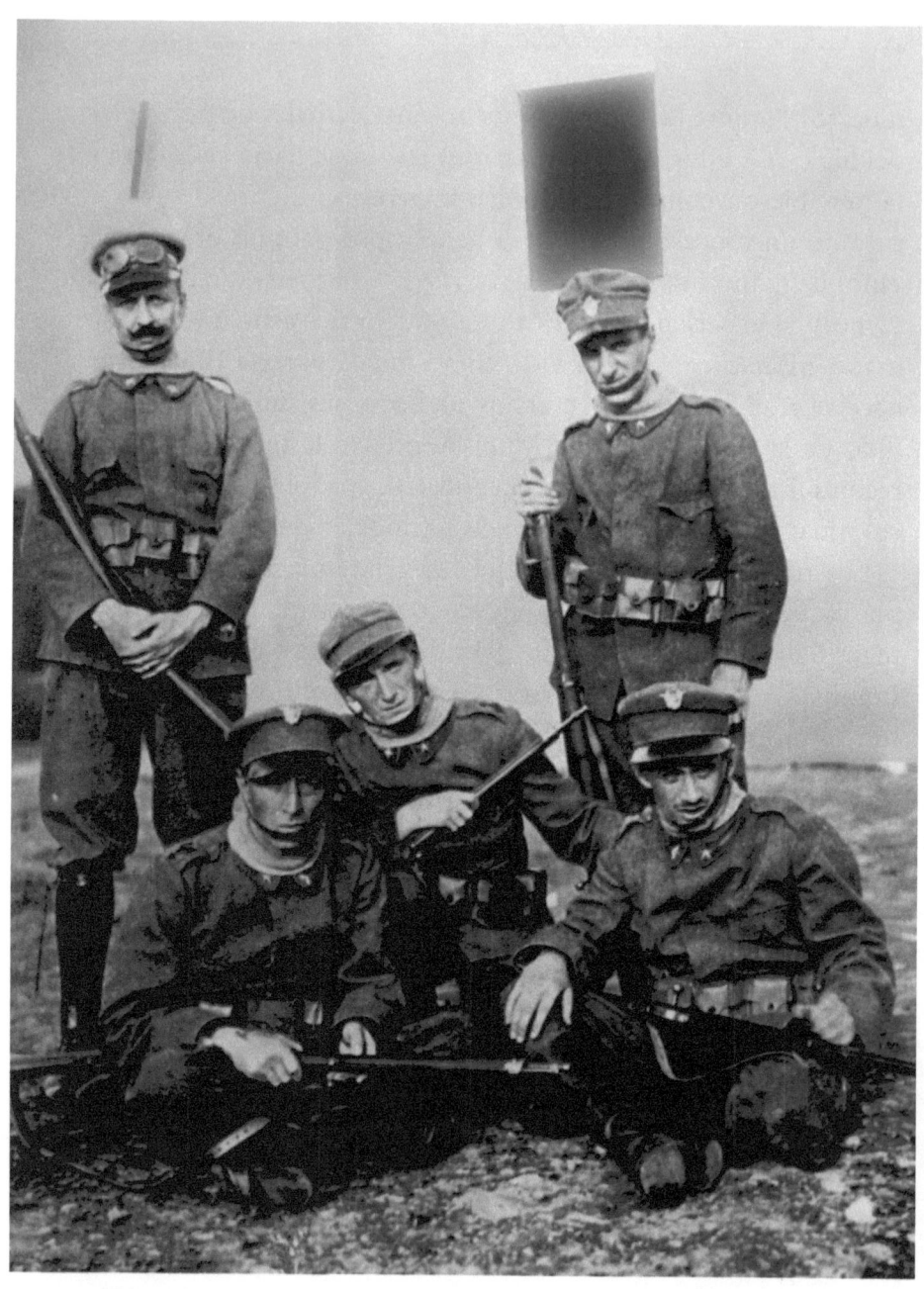

Marinetti con Boccioni, Sironi y Sant'Elia durante la I Guerra Mundial

1918). Los diarios de guerra de Marinetti contienen cientos de notas que reflejan su experiencia de primera mano en el frente. Muchas de esas notas portan una fuerte determinación ideológica, por ejemplo cuando observa escenas de terrible devastación y debe convencerse a sí mismo de que la destrucción es un paso previo necesario para que pueda erigirse un mundo nuevo:

> Sueño un ejército verdaderamente futurista que lleve consigo todo lo necesario para reconstruir las ciudades destruidas de modo completamente diferente, con una planta opuesta a la antigua. (8 de marzo de 1917).
>
> La conflagración síntesis de patriotismo encarnizado de militarismo metódico de garibaldismo improvisador de revolucionarismo feroz de imperialismo orgulloso y de espíritu democrático repudia a todos los partidos políticos despedaza todos los pasadismos y renueva el mundo. (24 de abril de 1917).

Este topos de «la destrucción como una acción preparatoria de la construcción» le era familiar a través de Fuentes anarquistas y aparecía íntimamente relacionado con el concepto de «la Guerra como revolución» que había promovido antes de la Gran Guerra. Pero, mientras que en 1909, los conceptos de fértil violencia y bellos gestos de destrucción poseían una gran cualidad metafórica, en 1914 y 1915, con los futuristas presentándose voluntarios para la Primera Guerra Mundial, se convirtieron en realidad tangible. Nietzsche había enseñado a Marinetti que la muerte no es *Untergang* (descenso), sino *Übergang* (transición). Zarathustra ama a quien cruza el puente de las muerte voluntaria «como espíritu libre con corazón libre»[37] y a quien comprende que «lo mejor es tratar la muerte como un festival; el bien siguiente, sin embargo, es

---

[37] *Zarathustra*, Prólogo, § 4.

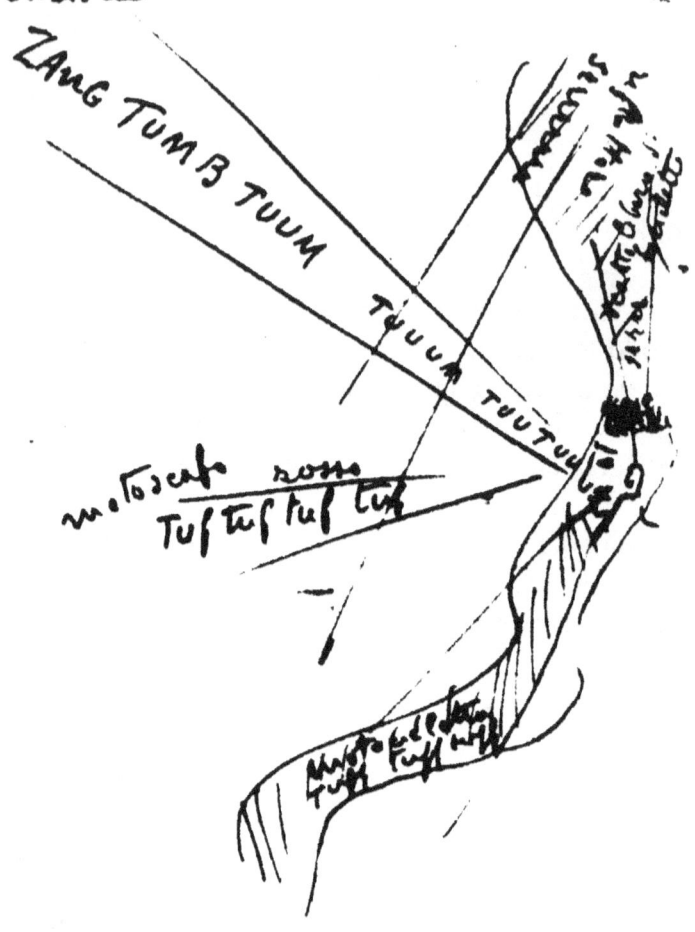

«Parole in libertà» de los diarios de guerra de Marinetti, *Taccuini*, 1915-1921, p. 14

morir en la batalla y sacrificar un alma grande».[38] En la Gran Guerra, esta actitud estaba perfectamente representada por los Arditi, las «temerarias» fuerzas de asalto, que se convirtieron en los primeros adherentes al Partido Político Futurista. Para Marinetti, eran la encarnación de la «nueva Italia violenta revolucionaria» y del «nuevo nacionalismo revolucionario que se lanza al frente para barrer a Austria y luego volver y barrer dentro al Vaticano y a toda la vieja Italia giolittiana»[39] En un discurso ante unos treinta oficiales el 6 de octubre de 1918, explicó que una guerra revolucionaria no significaba el retorno a la barbarie, sino la victoria del «instinto fundamental del hombre, la lucha», sin el cual no habría progreso en la vida. Por tanto, «la guerra tiene una acción futurista renovadora exaltadora excitadora».[40]

Marinetti veía la Primera Guerra Mundial del mismo modo que había visto las guerras de Libia y Bulgaria: las batallas eran para él obras de arte mecánicas o, como notaba el 24 de abril de 1917: «la conflagración es nuestra primera jovencísima palabraslibresfuturistas.» Su diario está repleto de dibujos de escenas de batalla al modo de *parole in libertà*. Cuando, el 14 de mayo de 1917, él mismo fue herido y hospitalizado, su estetización de las batallas dio paso —al menos por un tiempo— a descripciones realistas de la brutalidad de la guerra. Pero dos semanas más tarde ya cantaba de nuevo las alabanzas del «encarnizado erotismo lírico de la batalla»,[41] discutía de futurismo con otros pacientes y declamaba poesía de guerra escrita por la futurista Enrica Piubellini.

Una y otra vez, Marinetti se encontraba en situaciones que le confirmaban su noción de *guerra=festa*. Por ejemplo, el 8 de mayo de 1917 visitó Sabotino, que acababa de ser tomada por el

---

[38] *Zarathustra*, Libro I, capítulo 21 (Muerte Voluntaria).
[39] F. T. Marinetti, *Taccuini*, 1915-1921, Alberto Bertoni (ed.), Il Mulino, Bolonia, 1987, pp. 314 y 320 (25 de agosto de 1918).
[40] Ibid, p. 363 (6 de octubre de 1918).
[41] Ibid., p. 107 (25 de mayo de 1917).

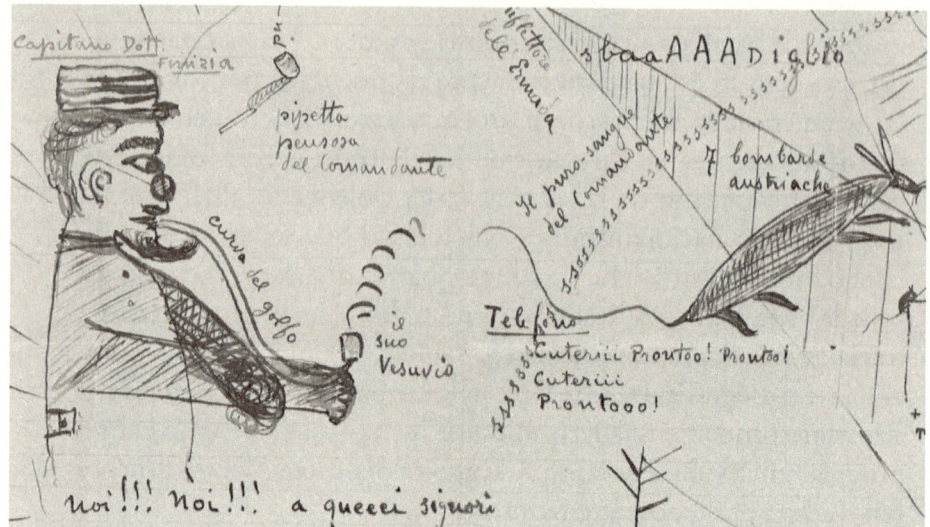

Marinetti, *El Carso* [Eslovenia] = *un nido de ratas: Una noche en un sumidero + ratón enamorado*, ca. 1917.

coronel Badoglio en la campaña de Isonzo. Entró en una mansión y encontró una biblioteca acribillada a balazos, metralla, proyectiles y granadas. De las bodegas de la casa abandonada sacaron buenos vinos y celebraron la conquista futurista del mundo viejo con «salvaje desenfreno» y «divina locura», justo como había predicho en *Fundación y manifiesto del futurismo* y *Matemos al claro de luna*. Pero incluso una marcha hacia la batalla podía ser ocasión de gran gozo y de exuberante emoción. Cuando se preparaba la décima batalla de Isonzo, la atmósfera era de júbilo, no de fatalidad y pesimismo: «Espléndido día. Esperemos que el sol sonría a nuestra gran ofensiva». De modo similar, el 2 de octubre de 1918, observando a los Arditi preparándose para la batalla, notaba que: «La juventud en guerra es alegre, lo quiere todo, se ríe de todo, es dueña der todo».[42]

---

[42] Ibid., p. 76 (24 de abril de 1917).

Incluso cuando la guerra alcanzó su clímax, Marinetti creía en el «valor democrático de la guerra» y aborrecía las «ideas internacionalistas que, con la ilusión de la paz eterna universal, se disponen a masacrar Italia y entregársela al enemigo.[43] Aunque gran parte del misticismo de la guerra, que había caracterizado la ideología de los grupos *Voce* y *Lacerba*, se había desvanecido, Marinetti mantuvo su convicción de que los sacrificios no habían sido en vano. La Gran Guerra había devuelto la mayoría de la *terra irredenta* al redil de la nación y por tanto había casi culminado los objetivos del Risorgimento. Pero, para Marinetti, esta razón no bastaba para dejar las armas y dedicarse a atender su jardín literario. Más bien volvió a recordar sus comienzos anarquistas (por ejemplo en las colecciones de poemas *Destrucción* y *La Ville charnelle*) cuando, el 13 de mayo de 1918, escribía sobre su estado de ánimo actual: «¡Amor por la lucha. Anhelo por colmar los pozos del absurdo con la propia juventud, única riqueza!»[44] Parece que aún tenía presente las lecciones aprendidas en *La gaya ciencia* de Nietzsche: «el deseo de destruir, de cambiar, de crear algo nuevo, puede ser expresión de una fuerza exuberante, preñada de futuro.»[45] Para Marinetti, la Guerra (y

---

[43] Ibid., p. 196 (19 de febrero de 1918).

[44] En *Destruction*, Librairie Léon Vanier, París, 1904, había elogiado «el vuelo absurdo de un sueño suicida» [l'absurde équipée/ de mon beau rêve suicide] (*Scritti francesi*, p. 189) ; y en *La Ville charnelle* el «sueño de una locura sonriente y bermellón, [...] de deseo brutal y de carnicería brutal, [...] de suicidio absurdo y de aventura» [rêve de folie souriante et vermeille / Un rêve de luxure brutale et de carnage / Un rêve de suicide de absurde et d'aventure] (ibid., p. 320). El «pandemonio final de un festín de gigantes» [le branle-bas final d'un festin de géants] (Ibid., p. 256) alcanza un climax de «delire, pour y trouver l'immense Oubli» (Ibid., p. 180), donde todo es arrojado a un abismo al grito de «La muerte es una alegre señora» [La Mort est une gaie maîtresse] (Ibid., p. 258). Tras el triunfo de la destrucción total comienza la labor de «reconstruir las estructuras legendarias de un gran mundo ideal sobre las ruinas del viejo.» [rebâtir les fabuleux échafaudages / d'un Grand Monde ideal, / sure les ruines de l'Ancient] (Ibid.).

[45] *Fröhliche Wissenschaft*, § 370.

Marinetti, *8 Anime in una bomba*. Romanzo esplosivo, 1919

por extensión la violencia) seguía siendo «una alegre manera de fertilizar la tierra. Porque la tierra, créeme, pronto estará preñada. ¡Engordará hasta explotar!».[46]

Marinetti estaba convencido de que la Gran Guerra y los sufrimientos y privaciones soportados por el pueblo italiano contribuirían al nacimiento de una sociedad nueva. El futurismo estaba llamado a representar un papel fundamental en la reconstrucción de posguerra, no solo como escuela artística, sino también como movimiento político. Marinetti no volvió de las trincheras para sentarse en su despacho y concentrarse de nuevo en el trabajo literario. Tras el armisticio, la batalla continuo, esta vez en la retaguardia. En otoño de 1918, fundó el Partido Político Futurista, se alió con los Arditi y, en marzo de 1919, colaboró en la creación de los Fasci di Combattimento. Defendieron su programa político con la misma «violencia y el valor futurista que hasta ahora han caracterizado nuestro movimiento en los teatros y en las plazas»[47] Si la Gran Guerra era la medicina final para un país languideciente «que moría de tradicionalismo», tras 1918 era el corrupto sistema político el que «necesitaba urgentemente al futurismo. El enfermo inventó su propio remedio. *Nosotros somos los médicos adecuados para la ocasión.*»[48]

Este periodo de la vida de Marinetti finalizó con la derrota de la coalición en las elecciones de noviembre de 1919, retornando entonces los futuristas, «cansados tras cuatro años de guerra, al trabajo creativo desapasionado».[49] La nueva corriente futurista resultante de este *volte-face* —generalmente denominada *secondo futurismo*— pretendía «actuar en el dominio infinito de la fanta-

---

[46] *Scritti francesi*, p. 266.
[47] «Manifesto del partito futurista italiano», TeI I°135; TeI II° 158.
[48] «Un movimiento artístico crea un Partido Politico», TeI I° 297; TeI II° 345.
[49] «Programma a sorpresa pel 1920», en *Roma Futurista*, 4 de enero de 1920. 50. Véase TeI I° 430, 432, 509, 537; TeI II° 494, 497, 584, 616.

sía pura» e «intervenir en la lucha política solo en momentos de grave peligro para la nación».[50] No hace falta mencionar que la violencia entendida como fuerza vital y como motor del progreso continuó representando un papel significativo en los escritos de Marinetti. Se volvió a emplear, en un contexto político, durante la campaña imperialista de Mussolini en África. Marinetti, por entonces ya solo la sombra de lo que fue, se implicó en su penúltima campaña militar y se enroló como voluntario en Etiopía (octubre de 1935–marzo de 1936). Sus escritos propagandísticos antes, durante y después del acontecimiento tomaron un aspecto cínico y doctrinario reminiscente de las instigaciones a la guerra de Papini en 1914 y 1915. Repiten muchas de las ideas desarrolladas entre 1900 y 1922, pero a menudo en términos tan estereotipados que parecen literatura devota dedicada al Gran Hermano Mussolini. Al estallido de la Segunda Guerra Mundial, Marinetti sufría cáncer avanzado de duodeno. A pesar de ello, en julio de 1942 partió al río Don como *primo seniore* [teniente coronel] de los Camisas Negras, aunque su estado de salud le impidió combatir a los soviéticos directamente en el campo de batalla. De nuevo, su diario aparece repleto de notas y observaciones, pero su habilidad para transformarlas en algo parecido a *La Bataille de Tripoli* o *Zang Tumb Tumb* se había perdido hacía tiempo.

---

[50] Véase TeI I° 430, 432, 509, 537; TeI II° 494, 497, 584, 616.

F.T. Marinetti

Necesidad y belleza de la violencia (I)
La necesidad de la violencia
Necesidad y belleza de la violencia (II)

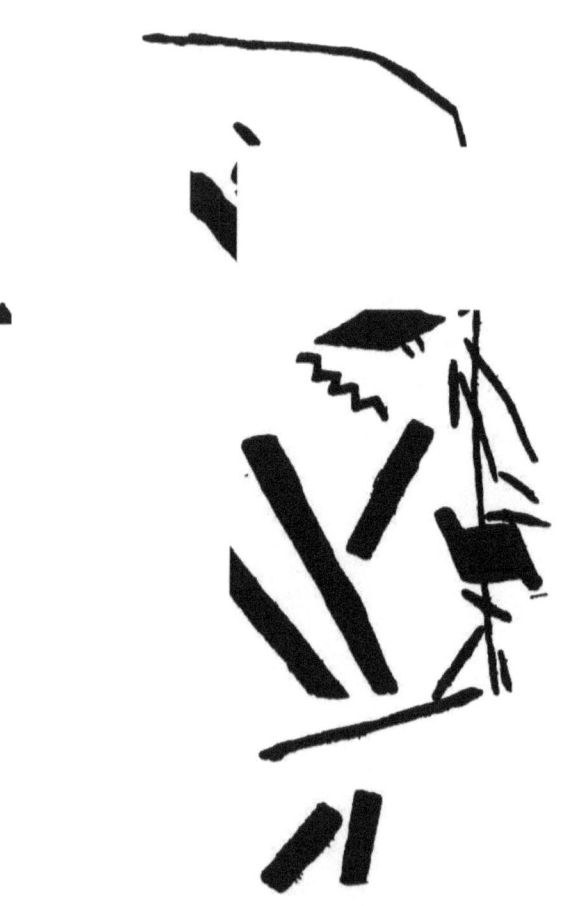

Nikolai Kublin, *Retrato de Marinetti*, 1914

# Necesidad y belleza de la violencia (I)[1]

El sistema de orden público actual está totalmente apolillado, es reaccionario, ineficaz, estúpido y, a menudo, criminal.

Abolirlo, por tanto, *cuanto antes*.

Como máxima, todo ciudadano *debe* saber defenderse. El estado debe intervenir solo en casos excepcionales para defender al individuo. El principio del *puñetazo* libre, dosificado y frenado por multas, existe ya en América y en Inglaterra. Las sediciones, las agitaciones de la muchedumbre, cuando son absolutamente absurdas y sin la menor traza de derecho verdadero deben ser frenadas, sofocadas o apagadas, pero sin la intervención militar.

Bastan potentes chorros de agua de los bomberos. Si el incendio alcanza proporciones enormes, quiere decir que hay mucha leña seca por arder y que todo *debe* quemarse. Los bomberos regresarán con las bombas y dejarán absoluta libertad al fuego.

---

[1] Discurso pronunciado en la Bolsa del Trabajo de Nápoles el 26 de junio de 1910. Publicado en una versión revisada en *L'ardito*, 15, 22 y 29 de junio de 1919.

Es absurdo que el estado tenga que intervenir continuamente para defender al zoquete, al lento, al cretino rapaz que se deja caer en la típica estafa a la americana. Este zoquete rapaz es mucho más despreciable que *el propio ladrón*.

No tenemos ninguna compasión por esa otra categoría de ciudadanos lentos, gotosos y carentes de agilidad vital que yo llamaría simio de biblioteca.

El simio de biblioteca y el simio pueblerino *deben* desaparecer. Defenderlos de las posibles agresiones no puede ser otra cosa que inmoralidad.

¿Qué decís por ejemplo de aquel proyecto futurista que cosiste en introducir en todas las escuelas un curso regular de riesgos y peligros físicos? Los niños serían expuestos, independientemente de su voluntad, a la necesidad de afrontar una serie de peligros cada vez más terribles preparados con sabiduría y cada vez más imprevistos como: un incendio, una inundación, un diluvio de agua, el desfondamiento de un suelo o el desplome de un techo.

El valor es la materia prima, la materia esencial para que, según la gran esperanza futurista, toda autoridad, todo derecho, todo poder le sean arrancados brutalmente a los muertos y moribundos y entregados a los jóvenes de entre veinte y cuarenta años.

Propongo la abolición de las policías actuales. Reemplazarlas con un cuerpo de ciudadanos escogidos, muy bien pagados y poco numerosos que solo intervendrían en casos excepcionales, llevando especialmente el peso de su propia autoridad y *nunca* el de los grilletes.

Propongo además verdaderas escuelas de valentía física para adiestrar a los adolescentes más jóvenes a afrontar con desenvoltura y *superar todo peligro sin pedir nunca ayuda y sin contar con la fuerza pública*. Esta valentía convertida en hábito arraigado disminuirá singularmente las agresiones que, en un país de valientes, tenderán fatalmente a desaparecer.

Nuestros principios futuristas son el amor al progreso, a la libertad, al peligro, la propaganda del valor y el heroísmo común.

Nuestros grandes enemigos: tradicionalismo, mediocridad y bellaquería.

Del lúcido amor al peligro, de la valentía constante y del heroísmo común provienen precisamente — naturalmente— la necesidad perentoria y la belleza de la violencia.

Yo os hablo de todo esto de forma absolutamente apolítica, a la que vosotros sin duda estáis poco habituados, y desenvaino sin preámbulos mi pensamiento, que podéis tomar también como un consejo para actuar.

No ignoro las cautelas acumuladas en vosotros contra nosotros los futuristas por las más o menos alegres chácharas de los periódicos mercenarios, eunucos custodios de la mediocracia y el misoneísmo italianos.

Quizá no tenéis todavía una idea exacta de lo que somos y lo que queremos...

Imaginad en la melancólica y estancada república de las letras y las artes un grupo de jóvenes absolutamente rebeldes y demoledores que, cansados de adorar el pasado, mareados por la pedantería académica, ávidos de originalidad temeraria y anhelante de una vida libre y aventurera, enérgica y diariamente heroica, quiere desescombrar el alma italiana de aquel cúmulo de prejuicios, de lugares comunes, de respetos y de veneraciones que nosotros llamamos *el pasadismo*.

Nos consideramos como el ácido nítrico destructor que debe arrojarse sobre todos los partidos, ya en putrefacción.

En nuestro manifiesto futurista, publicado hace 11 años en *Le Figaro* de París, exaltamos a un tiempo el patriotismo, la guerra —única higiene del mundo—, el gesto destructor de los libertarios y las bellas ideas por las cuales se muere, gloriosamente opuestas a las feas ideas por las cuales se vive.

Cierto, estos principios y estas palabras nunca tuvieron contacto alguno entre ellas.

Vosotros os acostumbrasteis a considerar al patriotismo y la guerra como absolutamente contrarios a la idea anarquista, que hizo explotar tantas vidas por la conquista de una mayor libertad.

Afirmo que estas dos entidades aparentemente contradictorias: la colectividad y el individuo, se compenetran íntimamente. ¿El desarrollo de la colectividad no es quizá en realidad el resultado de los esfuerzos y de las iniciativas particulares? —Así, la prosperidad de una nación es producida por el antagonismo y por la emulación de los múltiples organismos que la componen.

Igualmente la competencia industrial y militar que se establece entre los diversos pueblos es un elemento necesario para el progreso de la humanidad.

¡Una nación fuerte puede contener a un tiempo regimientos ebrios de entusiasmo patriótico y refractarios sedientos de rebelión! Estas son dos canalizaciones diferentes del mismo sentimiento de valentía, de potencia y de energía.

¿El gesto destructor de un anarquista no es tal vez un llamamiento absurdo y bello al ideal de justicia imposible?

¿No es tal vez una barrera opuesta a la arrogancia invasora de las clases dominantes y victoriosas? Personalmente prefiero la bomba de un anarquista al arrastrarse del burgués que se esconde en el momento de peligro o al egoísmo vil del campesino que se mutila para no servir a su propio país.

En cuanto al elogio de la guerra, ciertamente no constituye, como se ha pretendido, una contradicción con nuestros ideales, ni implica un regreso a las épocas bárbaras. A quien presenta acusaciones similares, le respondemos que cuestiones importantes de salud y de higiene moral debían ser resueltas necesariamente *precisamente por medio de la guerra* antes que cualquier otra cosa.

—¿La vida de la nación no es quizá similar a la del individuo que combate las infecciones y las plétoras mediante la ducha o la sangría? ¡También los pueblos, afirmamos nosotros, deben llevar a cabo una higiene constante de heroísmo y concederse gloriosas duchas de sangre!

¿Y las consecuencias? Diréis vosotros... ¡Las conocemos! Sabemos que a la guerra sigue inevitablemente un periodo de miseria, sea cual sea su resultado. Un periodo bastante breve, sin embargo, si la guerra es victoriosa, y menos largo de lo que pensáis en caso de derrota.

¿No tenemos ahora, tal vez, sin visos de gloria, periodos similares de miseria por causa de una simple crisis de la bolsa o de soeces maquinaciones para alterar el precio de las cosas? ¡Fuera! ¡Destierro para estos sentimientos usureros!... ¿Acaso no podéis tener otros ideales que la comodidad y vivir tranquilos?

Desgraciadamente habéis aprendido del giolittismo (anteguerra) y del bissolatismo[2] (posguerra) la nefasta y ridícula receta de la paz usurera y mercantil y timorata.

Nosotros, por el contrario, apoyamos y propugnamos la doble preparación para la guerra y para la revolución en el contexto de un patriotismo más intenso, bajo el nombre divino de Italia, escrito en nuestro cielo por los rojos vapores de una nueva valentía italiana.

---

[2] Giovanni Giolitti (1842-1928). Parlamentario y varias veces ministro y primer ministro de 1892 al ascenso de Mussolini en 1922. La «Età giolittiana» designa en Italia el periodo de las concentraciones industriales, las formaciones de las masas populares socialistas y católicas, el sufragio universal masculino, la expansión colonial y la aparición del fascismo. Leonida Bissolati fue un diputado reformista a cuyo círculo de allegados perteneció, entre otros, Roberto Farinacci, quien sería Secretario General del Partido Nacional Fascista desde 1925. En el congreso del PSI de Reggio de julio de 1912 Mussolini logró que la nueva mayoría revolucionaria excluyese a los dirigentes de la tendencia reformista y colaboracionista, como Bonomi y Bissolati.

Nosotros creemos que solo el amor al peligro y el heroísmo pueden purificar y regenerar nuestra raza.

Aquellos de entre vosotros más ligados a la tradición me objetarán que un programa intelectual de este tipo permanecerá fatalmente en un estado de utopía y de vana paradoja.

Arturo Labriola[3] nos estigmatizaba a nosotros los futuristas, poetas y pintores, por nuestra tendencia a mezclar el arte y la política, por defender el orgullo nacional y por favorecer, al mismo tiempo, el movimiento ascendente del proletariado.

Creo que Arturo Labriola ha incurrido en un prejuicio bastante natural, dada la novedad en la historia de nuestra posición.

Probad de hecho a responder a esta pregunta mía: desde el momento en que debemos a muchas generaciones de políticos el estado pavoroso de corrupción, de oportunismo y de cómodo escepticismo pactista en el cual ha caído poco a poco el parlamentarismo italiano, nosotros, poetas y artistas que somos los únicos que hemos conservado —por lo que yo llamaría la carencia absoluta de mercado remunerado— la flama de un desinterés absoluto a la luz cegadora de un ideal de belleza inalcanzable —nosotros que escribimos versos, pintamos cuadros, componemos música sin esperanza de una remuneración adecuada, no tenemos, quizá, el derecho a enseñar el desinterés? ¿Y por qué entonces no se nos debería permitir expulsar a los mercaderes del templo y ofrecer nuestros músculos y nuestros corazones a Italia en nombre del arte?

---

[3] Arturo Labriola (1873-1959). Socialista de la corriente sindicalista revolucionaria desde 1895 y moderado a partir de 1913, cuando fue elegido parlamentario independiente. Apoyó la entrada de Italia en la I Guerra Mundial en 1915 y fue ministro de Trabajo en el gabinete de Giolitti en 1920. Exiliado en Francia durante el fascismo, formó parte de la Asamblea Constituyente tras la II Guerra Mundial. [n. del t.]

¿Nos creéis tal vez incapaces de practicidad política por exceso de fantasía? Seguro que no podríamos, a pesar de todas nuestras ligerezas artísticas, hacerlo peor que nuestros predecesores. Por lo demás, creemos que la historia nos espera. Sin duda habéis notado, en el desarrollo de los acontecimientos humanos, que a un periodo de violencia idealista y generosa sigue otro de mercantilismo egoísta y avaro, como el que atravesamos.

Ahora queremos resucitar el esfuerzo apasionado y temerario de la raza que supo llevar a cabo la independencia italiana, ¡y lo haremos sin el alcohol excitante de las banderas desplegadas y de las fanfarrias rojas, nosotros, poetas y artistas; sin recurrir a nuevos sistemas políticos y solo desparramando el fuego de un entusiasmo inextinguible por esta Italia que no debe caer en manos de escépticos y de irónicos, solamente electrizando de un valor encarnizado a esta Italia que pertenece a los combatientes!

Me diréis, siguiendo las enseñanzas de Jorge Sorel, que no hay nada más peligroso que los intelectuales para los intereses del proletariado revolucionario. Y tendréis razón, porque hoy toda intelectualidad y cultura son sinónimos de rapacidad egoísta y de oscurantismo retrógrado.

Pero nosotros los artistas no somos los llamados intelectuales. Somos sobre todo corazones palpitantes, manojos de nervios vibrantes, instintivos, seres gobernados solo por la divina y embriagadora intuición y creemos estar, o estamos, todos encendidos por un fuego sacro.

Hemos atravesado sin detenernos las catacumbas de la erudición pedante, sabemos lo necesario para caminar sin tropezar y no tropezaríamos nunca, incluso si fuésemos menos cultos, porque estamos dotados de la intuición segura de la juventud.

Nosotros concedemos a la juventud todos los derechos y toda la autoridad, la cual negamos y queremos arrancar brutalmente a los viejos, a los moribundos y a los muertos.

El futurismo proclama de este modo la intervención necesaria de los artistas en los asuntos públicos *para hacer por fin del gobierno* una arte desinteresada, en lugar de lo que ahora es: una pedante ciencia del hurto.

Pero os escucho ya murmurar de nuestra inexperiencia técnica. ¡Eh! ¡Fuera!... no olvidéis que la raza italiana no sabe producir otra cosa que grandes artistas y grandes poetas a los cuales no puede serles difícil instruirse rápidamente, en pocos meses de observación, sobre el mecanismo parlamentario.

Creo que el parlamentarismo, institución política falaz y caduca, está destinado fatalmente a perecer. Creo que la política italiana se precipitará inevitablemente en la agonía si no se pliega a poner a los artistas —ingenios creadores— en lugar de la clase de los abogados –ingenios disolventes y analgésicos— que la han monopolizado hasta ahora, manifestándoos sin mesura su función específica, que consiste en explotar bien y vender su cerebro y su palabra.

Por tanto, es especialmente del espíritu abogadesco del que queremos liberar la vida política italiana. Y por eso combatimos enérgicamente a los abogados del pueblo y, en general, a todos los intermediarios, a todos los mediadores, a todos los grandes cocineros de la felicidad universal, particularmente enemigos de toda violencia, maestros innobles de la baja diplomacia, que nosotros consideramos dañinos e inoportunos en la ascensión a una mayor libertad. Su presencia se ha hecho ya torpe y ridícula en esta vida nuestra férrea y convulsa, ebria de frenética ambición y sobre la cual se agiganta la nueva y tremenda divinidad del peligro.

Las fuerzas oscuras de la naturaleza, presas en los lazos y en las redes de fórmulas químicas y mecánicas, y de este modo sometidas al hombre, se vengan terriblemente, abalanzándose sobre la garganta con la ira salvaje de los perros rabiosos.

Bien lo sabéis vosotros, trabajadores de los arsenales, fogoneros de los trasatlánticos, marineros de los submarinos, obreros de las acerías y de los gasómetros.

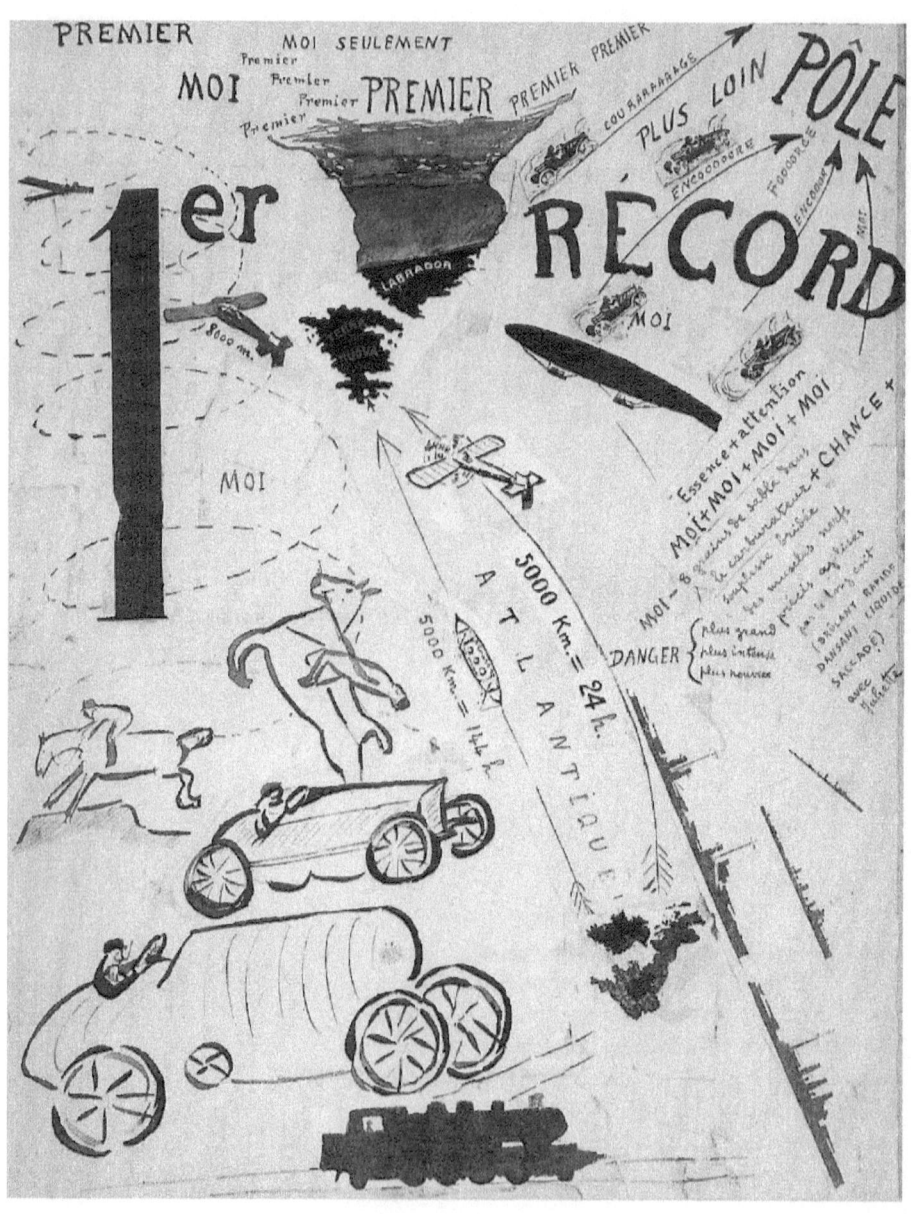

Marinetti, *Homenaje a Guido Guidi que, en un avión italiano, ha batido el récord del mundo de altura en vuelo*, 1916

# La necesidad de la violencia[4]

Creo inútil demostrar que, debido al fulgurante desarrollo de la ciencia, con la prodigiosa conquista de la velocidad terrestre y aérea, con la vida haciéndose cada vez más trágica y con el ideal de una serenidad geórgica decayendo definitivamente, conviene que el corazón del hombre se familiarice cada vez más con el peligro inminente, para que las generaciones futuras puedan robustecerse mediante el verdadero amor a este peligro.

El progreso humano demanda cada vez más del alma de los jugadores de azar, del olfato de los sabuesos, de la temeraria intuición del aviador, de la sensibilidad del médium, de la predicción del poeta.

La complejidad psíquica del mundo ha aumentado sobre todo debido a la acumulación de la experiencia ofrecida por la historia, a la corrosión continua del escepticismo y de la ironía, que el periodismo internacional va llevando a cabo.

La febrilidad y la inestabilidad de las razas han llegado al punto de desbaratar cualquier cálculo de probabilidad histórica.

---

4 *La giovane Italia*, 10 de julio de 1910 y *L'internazionale*, 16 de julio de 1910

Podría también hablaros del desgaste que sufren de repente todas las viejas fórmulas sintéticas que influenciaban el movimiento de los pueblos, todas las recetas y panaceas de segura e inmediata felicidad. Y entonces ahonda en nosotros la convicción de que todo se complica, de que toda simplificación ideológica demostrativa o administrativa es ilusoria, y que el orden absoluto en materia política o social es absurdo.

Estamos atados a la necesidad de aceptar en nosotros y fuera de nosotros la convivencia de los elementos más contradictorios.

El pueblo no podrá renunciar jamás a sus libertades conquistadas por ninguna fuerza, por ninguna voluntad.

Renunciar a ello sería como querer servirse de la diligencia ahora que las redes ferroviarias han empequeñecido y ofrecido el mundo a cada ciudadano como un juguete al que patear y observar.

Estas libertades individuales que crecen en su desarrollo hacia una posible y deseable anarquía, deben coexistir con un principio de autoridad. Este último, para salvaguardar mejor las libertades individuales, tiende a destruirlas.

Tiene lugar, por lo tanto, una convivencia y al mismo tiempo una lucha saludable de principios hostiles, que son los diversos elementos que componen la sangre del hombre. De modo que Italia deberá avivar en sí misma cada vez más el doble fervor de una posible revolución proletaria y de una muy posible guerra patriótica.

Entre el pueblo, sinónimo de libertad creciente, y el gobierno, sinónimo de autoridad decreciente, se dan en cierto modo las mismas relaciones, a la vez amigables y antagónicas, que tienen lugar entre los propietarios y los inquilinos de una casa.

Se da de hecho, algo similar entre una revolución contra un gobierno culpable de tiranía o de incapacidad y la brusca mudanza de un inquilino cuando el propietario de la casa se niega a hacer las reparaciones necesarias contra los daños y la intrusión de la lluvia, el viento o los rayos, o cuando no sabe defender a estos mismos inquilinos de los ladrones nocturnos.

En este último caso, igual que el inquilino rescinde el contrato, así el pueblo hace la revolución.

Es necesario que cada italiano conciba claramente los fundamentos de estas dos ideas: revolución y guerra, destruyendo la estúpida retórica cobarde (asustadiza, temerosa) que la envuelve de horror, exaltando en sí y fuera de sí la idea de la lucha y el desprecio a la vida, que solo puede sublimar al hombre, confiriendo el máximo esplendor y el máximo valor a cada instante vivido.

Yo creo, de hecho, que no importaba salvar la vida de Ferrer, magníficamente conclusa con una vigilia y una muerte heroica; pero había que impedir a toda costa el triunfo infame del oscurantismo clerical.

Desgraciadamente la escuela, envenenada por la moral cristiana, estúpido perdón de la ofensa que ha degenerado en bellaquería sistemática, trabaja tenazmente por la castración de la raza.

No se enseña nada hoy, en Italia, que no sea la obediencia supina y el miedo ante el dolor físico, y todo esto con la temblorosa colaboración de las madres italianas, que ciertamente no están hechas para criar soldados ni revolucionarios.

Nosotros, los futuristas, exaltamos donde sea, con la palabra y el ejemplo, la necesidad de una activísima propaganda de valor personal. Queremos que un espíritu de revuelta y de guerra circule como sangre impetuosa entre la juventud italiana.

El estado, que tiene un origen violento, no puede sino reforzarse por este hervor rojo e impetuoso, que conservando la elasticidad de las arterias administrativas mantiene el sentido de la responsabilidad en la cabeza y en los centros de gobierno.

Nosotros ya creemos infantil aquel concepto de la evolución histórica rotativa, por el cual, según el sueño de muchos imperialistas miopes, se debería fatalmente volver a una forma de gobierno tiránico y a una supina esclavitud popular.

Nos imaginamos, sin embargo, las evoluciones futuras de la humanidad como el movimiento oscilante e irregular de una de aquellas pintorescas ruedas de madera provistas de cubos, movidas por un cuádruple vendado, que en Oriente extraen el agua para el regadío de los huertos. Debido a la construcción primitiva de las ruedas y los cubos, el agua extraída porta consigo la arena que alza continuamente el nivel del suelo, de manera que el propio mecanismo debe ser continuamente y cada vez más elevado.

Obtendréis siempre, en el devenir de la historia, con el agua monótona de los acontecimientos, una creciente arena fina de libertad.

De modo que ya no podemos concebir la autoridad del estado como un freno a los deseos libertarios del pueblo: al contrario creemos que el espíritu revolucionario del pueblo debe frenar la autoridad del estado y su espíritu conservador, síntoma de envejecimiento y de parálisis progresiva.

¿No es acaso la violencia la juventud del pueblo? El orden, el pacifismo, la moderación, el espíritu diplomático y reformista ¿no significan quizá la arteriosclerosis, la vejez y la muerte?

Solo con la violencia se puede reconducir la idea de justicia, ya deteriorada, no a aquella noción fatal, que consiste en el derecho del más fuerte, si no a aquella sana e higiénica que consiste en el derecho del más valiente y del más desinteresado, es decir: al heroísmo.

## La necesidad de la violencia

Con esto puedo satisfacer inmediatamente a aquellos de entre vosotros que sienten más apremio por un deseo de precisión dogmática, estableciendo como única valoración moral que el bien es todo lo que hace crecer y desarrolla las actividades físicas, intelectuales, instintivas del hombre, impulsándolo a su máximo esplendor, mientras que el mal es todo lo que disminuye e interrumpe el desarrollo de estas actividades.

Del mismo modo que el pacifismo tittoniano[5] y el miedo a la guerra han producido nuestra dolorosa esclavitud política, así el horror a la violencia y la estúpida propaganda contra el duelo —pleno de bravura y no pleno de barbarie— han hecho del ciudadano italiano un fantoche ridículo, maltratado por los leguleyos, que responde a un bofetón con una querella o un chantaje.

He aquí, por ejemplo, una verdad para proclamar en voz alta: quien sorprenda a la mujer amada o a la madre de sus hijos en los brazos de un seductor, debe matarlos a los dos. El dilema, de hecho, es simple: si el hombre traicionado respetara la vida de su adversario ya no respetaría la suya propia. Al no matar aumentaría sus propias razones para morir.

En Sicilia, país afortunadamente rico en violencia y no por ello menos evolucionado, el adulterio es rarísimo, precisamente porque lo domina una tradición de venganzas personales.

Y aquí llegamos a uno de esos conflictos fáciles entre la autoridad estructurada y las libertades individuales, las cuales en un último análisis deben siempre vencer, por la ley ascensional hacia la anarquía que gobierna la humanidad.

---

[5] De Tommaso Tittoni (1855-1931), diplomático italiano, varias veces embajador y Ministro de Exteriores. Fue brevemente Presidente del Gobierno en 1905, Presidente del Senado de 1919 a 1929 y Presidente de la Real Academia de Italia de 1929 a 1930. [n. del t.]

El principio de las sanciones jurídicas en materia de ofensas personales, por ejemplo, destruye el importantísimo sentido de dignidad fisiológica, íntimamente ligada a la psíquica, y canaliza todas las actividades humanas hacia la astucia explotadora, la usura, la tacañería y la divinidad tiránica del dinero.

Hemos vuelto a caer así por otra vía en el estanque fangoso de nuestra vida italiana actual, cuyas orillas son custodiadas por los matorrales intrincados de las leyes policiales, de los setos burocráticos, destinados a cansar y a descuartizar todo instinto humano profundo y toda rebelión legítima.

¿Quién se liberara? ¿Cuándo podremos por fin alzar el busto fuera de las aguas fangosas? ¡Ah! ¡Poderse arrancar del pecho el corazón, para al menos salvarlo, y lanzarlo lejos, más allá de los matorrales, como un objeto amado!

Sobre el estanque se mofan pajarracos de presa con un monótono batir de alas. Nubes plomadas. Lejanísima, la más irónica sonrisa del más moribundo de los soles.

Desciende la aprensiva nota de un tedio y un escepticismo milenarios. Se han ido del cielo las adorables estrellas ideales. ¿Dónde han huido? ¿Cómo hacerlas volver al cénit de Italia? Se llaman: patriotismo guerrero, revolución, heroísmo común. ¡Quizá duerman sobre las trágicas colinas de Calatafimi![6] ¡Quizá han muerto para siempre! ¿Qué importa? No lloremos. Hay que reconstruir, martillando con nuestra voluntad sobre los Alpes Julios, yunques blancos, los rayos que irradian violentamente de nuestros nervios..., hay que volver a forjar las incandescentes estrellas, para relanzarlas al cielo de Italia...
[...]

---

[6] Lugar de Sicilia donde Garibaldi derrotó inesperadamente al ejército borbónico el 15 de mayo de 1860. [n. del t.]

## La necesidad de la violencia

La fácil y descorazonadora ironía demoledora, he aquí el tercer vicio profundamente Italiano, del que deriva un desastroso misoneísmo, opuesto a toda innovación, a todo sano optimismo excitante; veneno trágico y alegre que contamina desgraciadamente la mejor parte de Italia, quiero decir las poblaciones meridionales, las más ricas en imaginación constructiva y geniales adivinaciones. Es esta ironía, hecha de epicureísmo, de espíritu mordaz y de despreocupación, la que en una puesta de sol color de fragua, delante del cementerio monumental de Milán, hace algunos años, acompasaba estúpidamente, con un ritmo alegre de parranda y de baile, la vuelta de una masa revolucionaria que había acompañado el siniestro ataúd de un obrero asesinado en un grave conflicto con las tropas.

Yo también seguí a aquella negra marea humana, espumosa de caras lívidas, sobre las cuales sobresalía, como un fúnebre bote, el ataúd que los seis portadores encorvados hacían parecer extrañamente como con piernas. Por encima, se inflaban las banderas rojas con un movimiento encendido y el respirar de fuelles enormes. Llamas de antorchas como retazos de miseria sangrante, oradores reformistas inclinados con el tridente para enfilar el pulpo viscoso del término medio. ¡Discursos de una moderación nauseabunda, capaces de hacer caer de aburrimiento a las estrellas y de disgusto a la luna, como un fúlgido escupitajo! En realidad, estábamos sumergidos en un diluvio de consejos estúpidamente paternales, y era bien justo que después de tal comedia inmunda, la multitud volviese al almuerzo a ritmo de danza, cantando el himno de los trabajadores, para acompañar un segundo féretro; no ya el de un obrero asesinado, sino el de la revolución.

Anno III - N. 39 - FIRENZE 11 FEBBRAIO 1918 - ESCE OGNI 15 GIORNI - Redaz. Via Brunelleschi, 2, FIRENZE - Abb. Annuo L. 5,00 - Militare L. 3,00 - Semestr. L. 3,00 - Una copia Cent. 10

# L'ITALIA FUTURISTA

Marciare non marcire.
Cancelliamo la gloria romana con una gloria italiana più grande.
La parola Italia deve dominare sulla parola libertà. — Tutte le Libertà tranne quella di essere vigliacchi pacifisti antitaliani passatisti.
Modernizzazione violenta delle città passatiste.
Abolizione dell'industria del forestiero, umiliante e aleatoria.
Difesa economica e educazione del proletariato.
Eroismo + orgoglio italiano + preparazione del primato italiano in arte industria e commercio + difesa dei novatori contro musei, biblioteche professori archeologi e critici + igiene ginnastica sport metallismo meccanismo velocità record + Uccidiamo il chiaro di luna nostalgico sentimentale e pessimista MARINETTI.
Parole in libertà (lirismo liberato dalle prosodie e dalla sintassi - ortografia ettipografia liberespressive - sensibilità numerica - onomatopee - verbalizzazione astratta): MARINETTI - BUZZI - CANGIULLO - JANNELLI - MAZZA - D'ALBA - DEPERO - FOLGORE ecc.

DIREZIONE ARTISTICA
B. CORRA - E. SETTIMELLI

Lotta contro la vigliaccheria artistica e l'ossessione della cultura e Modernolatria - Dinamismo plastico solidificazione dell'impressionismo - simultaneità - trascendentalismo fisico: BOCCIONI - L. RUSSOLO - BALLA - SIRONI.
La musica futurista deve essere pluritonale e senza quadratura PRATELLA.
L'Architettura futurista liberata da ogni vecchia decorazione ricerca la massima elasticità, semplicità, leggerezza dinamica, praticità, igiene, mediante grandi aggruppamenti di masse e vasta disposizione delle piante, cemento armato, ferro, vetro, fibra tessile ecc ANTONIO SANT'ELIA.
Con gli intonarumori, i rumori della vita moderna intonati armonizzati e combinati sinfonicamente creano la nuova voluttà acustica. L. RUSSOLO.
Gettiamo risolutamente a mare tutta l'arte passata, che non ci interessa che ci opprime e che d'altra parte non possiamo misurare data la nostra assoluta forzata ignoranza della inquadratura di vita in mezzo alla quale è nata.
Il valore di un'opera d'arte è proporzionale alla quantità di energia occorsa per produrla ed è scientificamente misurabile.
Gettiamo a mare tutta la critica che è sempre soggettivismo incontrollabile e capriccioso, impotente a stabilire dei valori assoluti, che sempre ha negato quello che dopo ha dovuto riconoscere; sostituiamola con la misurazione scientifica futurista BRUNO CORRA - A. GINNA - E. SETTIMELLI - R. CHITI - M. CARLI - NANNETTI.

La parola, il suono, il colore, la forma, la linea sono mezzi d'espressione. L'essenza delle arti è una.
BRUNO CORRA - ARNALDO GINNA.

Edizioni de l' "Italia Futurista„ dirette da MARIA GINANNI.

# MANIFESTO DEL PARTITO POLITICO FUTURISTA

1. Il partito politico futurista che noi fondiamo oggi vuole una Italia libera forte, non più sottomessa al suo grande Passato, al forestiero troppo amato e ai preti troppo tollerati: una Italia fuori tutela, assolutamente padrona di tutte le sue energie e tesa verso il suo grande avvenire.

2. L'Italia, unico sovrano. Nazionalismo rivoluzionario per la libertà, il benessere, il miglioramento fisico e intellettuale, la forza, il progresso la grandezza e l'orgoglio di tutto il popolo italiano.

3. Educazione patriotrica del proletariato. Lotta contro l'analfabetismo, Viabilità, Costruzione di nuove strade e ferrovie, Scuole laiche elementari obbligatorie con sanzioni penali. Abolizione di molte Università inutili e dell' insegnamento classico. Insegnamento tecnico obbligatorio nelle officine. Ginnastica obbligatoria con sanzioni penali. Educazione all'aria aperta, sportiva e militare, Scuole di coraggio e d' Italianità.

4. Trasformazione del Parlamento mediante un'equa partecipazione di industriali, di agricoltori, di ingegneri e di commercianti al Governo del Paese. Il limite minimo di età per la deputazione sarà portato a 22 anni. Un minimo di deputati avvocati (sempre opportunisti) e un minimo di deputati professori (sempre retrogradi). Un parlamento sgombro di rammolliti e di canaglie. Abolizione del Senato.

Se questo Parlamento razionale e pratico non dà buoni risultati, lo aboliremo per giungere ad un Governo tecnico senza parlamento, un Governo composto di 20 tecnici eletti mediante suffragio universale.

Rimpiazzeremo il Senato con una Assemblea di controllo composta di 20 giovani non ancora trentenni eletti mediante suffragio universale. Invece di un Parlamento di oratori incompetenti e di dotti invalidi, *MODERATO* da un Senato di moribondi, avremo un Governo di 20 tecnici *ECCITATO* da una assemblea di giovani non ancora trentenni.

5. Abolizione dell'autorizzazione maritale. Divorzio facile. Svalutazione graduale del matrimonio per l'avvento graduale del libero amore e del figlio di Stato.

6. Partecipazione eguale di tutti i cittadini italiani al Governo. Suffragio universale eguale e diretto a tutti i cittadini uomini e donne. Scrutinio di lista a larga base Rappresentanza proporzionale.

7. Preparazione della futura socializzazione delle terre con un vasto demanio mediante la proprietà delle Opere Pie, degli Enti Pubblici e con la esportazione di tutte le terre incolte e mal coltivate. Energica tassazione dei beni ereditari e limitazione di gradi successori.

Sistema tributario fondato sulla imposta diretta e progressiva con accertamento integrale. Libertà di sciopero, di riunione, di organizzazione di stampa. Trasformazione ed epurazione della Polizia. Abolizione della Polizia politica. Abolizione dell' intervento dell'esercito per ristabilire l'ordine.

Giustizia gratuita e giudice elettivo. I minimi salari elevati in rapporto alle necessità della esistenza. Massimo legale di 8 ore di lavoro. Parificazione ad eguale lavoro delle mercedi femminili con le mercedi maschili. Leggi eque nel contratto di lavoro individuale e collettivo. Trasformazione della Beneficenza in assistenza e previdenza sociale. Pensioni operaie.

Sequestro della metà di tutte le sostanze guadagnate con forniture di guerra.

8. Mantenere l'esercito e la marina in efficienza fino allo smembramento dell' impero austro-ungarico. Poi, diminuire gli effettivi al minimo, preparando invece numerosissimi quadri di ufficiali con rapide istruzioni. Esempio: duecentomila uomini con sessantamila ufficiali, la cui istruzione può essere suddivisa in quattro corsi trimestrali ogni anno. Educazione militare e sportiva nelle scuole. Preparazione di una completa mobilitazione industriale (armi e munizioni) da realizzarsi in caso di guerra contemporaneamente alla mobilitazione militare. Tutti pronti; con la minore spesa, per una eventuale guerra o una eventuale rivoluzione.

9. Sostituire all'attuale anticlericalismo rettorico e quietista un anticlericalismo d'azione, violento e reciso, per sgombrare l' Italia e Roma dal suo medioevo teocratico che potrà scegliere una terra adatta ove morire lentamente.

Il nostro anticlericalismo intransigentissimo e integrale, costituisce la base del nostro programma politico, non ammette mezzi termini ne transazioni, esige nettamente l'espulsione.

Il nostro anticlericalismo vuole liberare l' Italia dalle chiese, dai preti, dai frati, dalle monache, dalle madonne, dai ceri e dalle campane.

(CENSURA)

Unica religione, l' Italia di domani. Per lei noi ci battiamo e forse morremo senza curarci delle forme di governo destinate necessariamente a seguire il medioevo teocratico e religioso nella sua fatale caduta.

10. Riforma radicale della Burocrazia divenuta oggi fine a sè stessa e Stato nello Stato. Sviluppare per questo le autonomie regionali e comunali. Decentramento regionale delle attribuzioni amministrative e relativi controlli. Per fare di ogni amministrazione uno strumento agile e pratico, diminuire di due terzi gl' impiegati raddoppiando gli stipendi dei Capi-servizio e rendendo difficili ma non teorici i concorsi. Dare ai Capi-servizio la responsabilità diretta e il conseguente obbligo di alleggerire e semplificare tutto. Abolire l' immonda anzianità, in tutte le amministrazioni, nella carriera diplomatica e in tutti i rami della vita nazionale. Premiazione diretta dell' ingegno pratico e semplificatore negli impieghi. Svalutazione dei diplomi accademici e incoraggiamento con premi della iniziativa commerciale e industriale. Principio elettivo nelle cariche maggiori. Organizzazione semplificata a tipo industriale nei rami esecutivi

11. Contro il patriottismo commemorativo la monumentatomania e contro ogni ingerenza passatista dello Stato nell'arte.

12. Industrializzazione e modernizzazione delle città morte che vivono tutt'ora del loro passato, Svalutazione della pericolosa e aleatoria industria del forestiero.

13. Sviluppo della marina mercantile e della navigazione fluviale. Canalizzazione delle acque e bonifiche delle terre malariche. Mettere in valore tutte le forze e le ricchezze del paese. Frenare l'emigrazione. Nazionalizzare e utilizzare tutte le acque e tutte le miniere. Concederne lo sfruttamento a enti pubblici locali. Agevolazioni all'industria e all'agricoltura cooperative. Difesa dei consumatori.

14. Bisogna portare la nostra guerra alla sua vittoria totale, cioè allo smembramento dell' impero austro-ungarico, e alla sicurezza dei nostri naturali confini di terra e di mare, senza di che non potremmo avere le mani libere per sgombrare, pulire, rinnovare e ingigantire l'Italia.

15. Costituzione di un patrimonio agrario dei combattenti. Occorre acquistare una determinata quantità della proprietà terriera d' Italia, pagandola a prezzi da fissarsi con criterii speciali, e darla, con le debite cautele e riserve ai combattenti, o, in caso di loro soccombenza, alle famiglie superstiti.

Al pagamento delle terre così acquistate deve provvedere la Nazione intera, senza distinzione di classe ma con distinzione progressiva di posizione finanziaria, con elargizione vozione finanziaria, con elargizioni volontarie e con imposte.

Il pagamento delle terre occorrenti potrebbe estinguersi entro cinquant'anni dallo spossessamento, in modo che il contributo della Nazione, sotto forma di elargizioni o di imposta, sarebbe minimo. Rientrino, se ve ne sono, nel patrimonio agrario dei combattenti, le terre espropriate per debito d' imposta.

Tutti i lavoratori manuali che avranno prestato servizio militare nella zona delle operazioni dovranno essere inscritti per cura dello Stato nella „Cassa Nazionale di previdenza per la invalidità e la vecchiaia degli operai" a far data dal primo giorno del loro effettivo servizio. Lo Stato dovrà pagare i contributi annuali per tutta la durata della guerra. L' iscrizione dei militari combattenti alla „Cassa nazionale", avverrà d'ufficio e che sarà posta a carico dello Stato per tutto il periodo corrispondente al servizio militare, produrrà un onere continuativo a carico degli interessati per tutto il resto della loro vita.

16. L'assegno congiunto alla concessione di medaglie al valor militare sarà triplicato. — Il limite di età stabilito nei corsi sarà prolungato per i reduci della zona delle operazioni di un tempo equivalente alla durata della guerra. — Ai reduci della zona delle operazioni, quando ottengano un pubblico impiego, saranno computi il servizio militare e le campagne agli effetti dell'anzianità e della pensione, provvedendo lo Stato, quando ne sia il caso, ai versamenti alla Cassa Pensioni per il tempo passato dal militare sotto le armi. — Per dieci anni dopo la guerra le amministrazioni dovranno alternare con corsi liberi con concorsi esclusivamente riservati ai reduci della zona delle operazioni ed ai mutilati di guerra fisicamente suscettibili del servizio richiesto.

Il partito politico futurista che noi fondiamo oggi, e che organizzeremo dopo la guerra, sarà nettamente distinto dal movimento artistico futurista. Questo continuerà nella sua opera di svecchiamento e rafforzamento del genio creatore italiano. Il movimento artistico futurista, avanguardia della sensibilità artistica italiana, è necessariamente sempre in anticipo sulla lenta sensibilità del popolo. Rimane perciò una avanguardia spesso incompresa e spesso osteggiata dalla maggioranza che non può intendere le sue scoperte stupefacenti, la brutalità delle sue espressioni polemiche e gli slanci temerari delle sue intuizioni.

Manifiesto del Partido Político Futurista, *L'Italia futurista*, 11 de febrero de 1918

# Necesidad y belleza de la violencia (II)[7]

Para alcanzar esta anhelada renovación social y política de nuestro país, debemos vencer forzosamente obstáculos que parecen a primera vista insalvables, ya que los llevamos en nosotros mismos como elementos característicos de nuestra raza.

Quiero hablar del *personalismo, del utilitarismo clerical, de la hipersensualidad y de la ironía* mordaz y demoledora. Llamo *personalismo* al hábito intelectual que consiste en someter cualquier juicio a las consideraciones, a la simpatía o a la antipatía absolutamente personales. Llamo personalismo a la indiferencia o, mejor dicho, al desprecio que cada italiano alimenta por las ideas puras, combatiéndolas solo cuando las sostiene un enemigo y queriéndolas solo cuando las sostiene un amigo.

Hay que combatir este gravísimo vicio, sobre todo transformando nuestro fétido sistema educativo, que solo busca premiar la baja adulación de los alumnos empollones e imbéciles, que lamiendo cada día la vanidad de un profesor, terminan por absorber su estupidez presuntuosa y dogmática.

---
7 *La propaganda*, 26 de julio de 1910.

Nosotros los futuristas, que conferimos a los jóvenes todo derecho y toda autoridad, querríamos que en la escuela se premiase y se animase, por el contrario, aquellos estudiantes que desde el primer año manifiesten tener ideas personales y una manera independiente de juzgar hombres y libros.

La intuición libre, es decir, la facultad de tener y crear ideas nuevas, ¡he aquí lo que queremos exaltar! Y por eso proscribimos al cura de la escuela, el cual, sin ya poder hoy formar fieles en ausencia de un verdadero sentimiento religioso, se contenta con reblandecer o empequeñecer las almas, creando ese fenómeno de *utilitarismo cretino y temeroso* que se llama clericalismo. ¡Italianos! Conviene intensificar e instigar en todas partes una guerra encarnizada contra el clericalismo, partido político que sin basarse ya en el sentimiento místico y habiendo perdido además el objetivo del poder temporal, amenaza en nuestros hijos nuestra futura grandeza.

Utilitarismo sacerdotal, miedo quietista: he aquí el charco en el que se revuelca nuestra raza, cubriéndose del fango de la pereza y el *hipersensualismo*.

Este otro vicio italiano, o latino, se manifiesta de mil maneras, sobre todo en la tiranía del amor, que siega la energía de los hombres de acción por la obsesión de la conquista femenina, por el ideal romántico de la fidelidad y por la inmunda tendencia a la más fatal y agotadora lujuria.

Esta nefasta tendencia debe ser contrarrestada dentro y fuera de la escuela mediante un continuo y sabio desarrollo de los deportes violentos; de la esgrima, de la natación y particularmente de la gimnasia. –que debe ser planteada según los métodos suecos de Ling, es decir, liberada del acrobatismo antiguo y de la gesticulación de desfile: una gimnasia racional, idónea para agrandar el tórax y dilatar los pulmones, liberar el corazón, contener los intestinos, reactivar la circulación de la sangre, aumentar la hematosis, fortalecer los ligamentos de las articulaciones y tonificar los músculos, para la formación de un cuerpo de hombre bello, esbelto, fuerte y resistente, que sepa pensar, volar y demoler hombres, ideas y cosas con igual desenvoltura.

Nosotros los futuristas, convencidos de la influencia del arte sobre todas las actividades de un pueblo, queremos purificarlo del sentimentalismo, de la erotomanía d'annunziana[8] y del donjuanismo, creando un arte que glorifique la fuerza y la libertad individual, las victorias de la ciencia y el creciente dominio sobre las fuerzas oscuras de la naturaleza.

Queremos, en suma, sustituir en la imaginación juvenil la figura empalagosa de Don Juan por aquella violenta y dominadora de Napoleón, Crispi, Ferrer y Blériot.[9]

Sabemos que el romanticismo voluptuoso exagera la importancia de la mujer en nuestra vida, mientras la mujer italiana —absolutamente inferior a la mujer anglosajona— es una deliciosa dispensadora de caricias pasionales, incapaz de comprender y sostener a un hombre en una lucha heroica y desinteresada.

8 De Gabriele D'annunzio (1863-1938), literato bohemio y político nacionalista, diputado de 1887 a 1910, partidario de la intervención en la I Guerra Mundial, piloto voluntario y miembro de la Real Academia de Italia, ejerció gran influencia intelectual sobre Mussolini aunque no ocupó responsabilidades oficiales en los gobiernos fascistas. [n. del t.]

9 Francesco Crispi (1819-1901), Primer Ministro en varias ocasiones, colaborador de Mazzini y Garibaldi durante el proceso de unificación de Italia. Louis Blériot (1872-1936), piloto francés, primero en cruzar en avión el canal de La Mancha. Francesc Ferrer i Guàrdia (1859-1909), anarquista español, adalid de reformas progresistas en el sistema educativo nacional, controlado por la iglesia. Fue juzgado y ejecutado en octubre de 1909 acusado de inspirar los sucesos de la Semana Trágica de Barcelona, del 26 de julio al 1 de agosto de 1909. [n. del t.]

La mujer italiana, madre dulcísima pero cultivadora de vilezas en sus propios hijos —cuando no está simplemente dominada por el cura y por el deseo constante de lujo suntuoso— se convierte en un enemigo casi invisible y una barrera insalvable para todos los grandes y llameantes guerreros y revolucionarios.

Nuestro hipersensualismo genera no solo esta exagerada importancia de la mujer, únicamente superflua y embarazosa, sino también algo que es una consecuencia de lo anterior, la manía de aparentar lujo y grandes comodidades domésticas.

¡Ay de mí! A veces basta la preocupación por un buen almuerzo o por un sombrero emplumado para la señora, o por una bonita alfombra para que la admiren los invitados, a veces basta –decía— una preocupación de este tipo para hacer que un político italiano se desvíe de su camino desinteresado o para truncar un programa de heroísmo y de sacrificio. Por eso nosotros los futuristas consideramos el matrimonio como uno de los mayores peligros en nuestra propaganda de valor y de liberación intelectual.

Y por eso proclamamos la necesidad del celibato para los grandes hombres de ideas puras y de acción.

Recientemente hemos visto con gran dolor a un hombre de altísimos y violentos ideales soportar la enervante atmósfera de serenidad conyugal hasta el punto de renunciar totalmente a cualquier audacia legislativa para hundirse escépticamente en una cómoda butaca —cultísimo entre libros muy amados, inútiles y amigos— y acoger nuestro irrumpir entusiasta con la sonrisa de la ironía demoledora más fácil y descorazonadora.

La fácil y descorazonadora ironía demoledora, he aquí el tercer vicio profundamente Italiano, del que deriva un desastroso misoneísmo opuesto a toda innovación, a todo sano optimismo excitante; veneno trágico y alegre que contamina desgraciadamente la mejor parte de Italia, quiero decir las poblaciones meridionales, las más ricas en imaginación constructiva y geniales adivinaciones.

Es esta ironía, hecha de epicureísmo, de espíritu mordaz y de despreocupación, la que en una puesta de sol color de fragua, delante del cementerio monumental de Milán, hace algunos años, acompasaba estúpidamente, con un ritmo alegre de parranda y de baile, la vuelta de una masa revolucionaria que había acompañado el siniestro ataúd de un obrero asesinado en un grave conflicto con las tropas.

Yo también seguí a aquella negra marea humana, espumosa de caras lívidas, sobre las cuales sobresalía, como un fúnebre bote, el ataúd que los seis portadores encorvados hacían extrañamente parecer como con piernas. Sobre él, se inflaban las banderas rojas con un movimiento encendido y el respirar de fuelles normes.

Llamas de antorchas, como retazos de miseria sangrante, oradores reformistas inclinados con el tridente para enfilar el pulpo viscoso del término medio. ¡Discursos de una moderación nauseabunda, capaces de hacer caer de aburrimiento a las estrellas y de disgusto a la luna, como un fúlgido escupitajo!

¡Qué asco! En realidad, estábamos sumergidos en un diluvio de consejos estúpidamente paternales, y era bien justo que después de tal comedia inmunda, la multitud volviese al almuerzo a ritmo de danza, cantando el himno de los trabajadores, para acompañar un segundo féretro; ya no el de un obrero asesinado, sino el de la revolución.

¡Ironía!, ¡ironía! ¡Vieja ironía italiana!... He aquí nuestra enemiga a destruir, a pisotear a fuerza de entusiasmo, a fuerza de temeridad, a fuerza de optimismo, ¡aunque sea artificial!

¡Trabajadores! Guardaos de la ironía escéptica y egoísta, os licua el corazón el día de la justa sublevación y produce en vosotros ese vergonzoso fenómeno que es el *pánico a su llamada*.

¡Cuántas veces en los diez años de vida milanesa que he llevado, estudiando a diario los flujos y reflujos del socialismo italiano, leyendo atentamente cada mitin como el más interesante y doloroso de los libros, cuántas veces me he sonrojado como italiano... repito: *como italiano*, al ver las ingentes masas trabajadoras agitadas por las reivindicaciones más legítimas y por un magnífico deseo de mayor libertad; a las ingentes masas populares, digo, presas fulmíneamente del pánico colectivo más insensato, al resonar las cuatro notas insolentes de las sirenas de la policía!

Un rebaño en fuga... dorsos curvos y tontos a toda velocidad ante el trote desgarbado de una caballería incapaz de correr sobre el adoquinado.

Naturalmente, los oradores que reformistamente habían teñido de rosa, no de rojo, a la multitud, habían desaparecido... ¿Dónde y por qué? ¡Sin duda, por alguna revolución intestinal! Pero una visión roja se me viene a la mente: una visión que reconforta mi sangre futurista...

Veo un crepúsculo humeante de hospitalidad sobre una calle resbaladiza por la lluvia manchada y calenturienta de reflejos...

¡En la gran red de cables de tranvía o de teléfono, miles de luces rabiosas muerden la pulpa de la sombra!... ¡Palidez famélica de las casas! ... ¡Oscuros perfiles irritados!

¡Ahí abajo en las calles secundarias donde fracasaron todas las farolas, tenebrosos, tenebrosos pavimentos trazados por quién sabe qué cielo destruido!...

En la desembocadura de una calle, una multitud compacta, negrísima...

¡Ha sido detenida esa multitud por vuestras mujeres y vuestros hijos: brazos trenzados de nocturna foresta africana; todos encajados unos con otros como los ladrillos de una muralla!

Vosotros, hombres, os alinearéis frente a vuestras mujeres en esa trágica jungla de piedras y de hierro, bajo los redondos frutos eléctricos, que explotan lácteos, blanquísimos, y cargaréis tranquilamente vuestras carabinas, para las fieras policiales.

Resonarán entonces, súbitos y mordaces, los sonidos de la sirena, fúnebre navajazo al cuello mudo del silencio...

Y he aquí la voz de mando ¡*Adelante*!

Pero también oigo responder a aquella llamada con un reír sarcástico, y a la multitud, petrificada por el coraje, gritar: ¡los italianos no huyen! ¡Por amor sublime al peligro, aceptamos una lucha sangrienta bajo las estrellas fulgidísimas de Italia, que nos obligan a no retroceder!

Veo una enorme maraña roja: la mezcla furibunda de caballos emplumados bajo una lluvia de tejas. ¡Sea bienvenida la carnicería! [...]. Nos alegraremos juntos, trabajadores italianos, si es que sobrevivimos [...]. Nos alegraremos porque no vendrá nada más. ¡Nada más que un saludable golpe de bisturí en el gigantesco forúnculo del miedo y la mediocridad italianos!

Porque, a la propaganda de la bellaquería, nosotros oponemos la propaganda del valor y el heroísmo común [...].[10]

¡Porque a la estética actual del fango tasado en moneda nosotros oponemos –al menos, al menos— una estética de violencia y de sangre!

---

10 Los corchetes corresponden a partes ilegibles en el original [n. del t.]

www.ingramcontent.com/pod-product-compliance
Lightning Source LLC
Chambersburg PA
CBHW030502220526
45464CB00006B/2617